LE

PROGRAMME RADICAL

PAR

D. JAUBERT

PARIS

E. PLON ET Cie, IMPRIMEURS-ÉDITEURS

RUE GARANCIÈRE, 10

1876

LE PROGRAMME RADICAL

Cet ouvrage a été déposé au ministère de l'intérieur (section de la librairie) en mai 1876.

PARIS. — TYPOGRAPHIE DE E. PLON ET Cie, RUE GARANCIÈRE, 8.

LE

PROGRAMME RADICAL

PAR

D. JAUBERT

PARIS

E. PLON ET Cie, IMPRIMEURS-ÉDITEURS

RUE GARANCIÈRE, 10

1876

LE

PROGRAMME RADICAL

Les dernières élections générales ont donné légalement aux grands hommes du 4 septembre le pouvoir qu'ils avaient violemment usurpé grâce aux désastres de nos armées.

La France, sur laquelle ils s'étaient jetés et qu'ils avaient livrée sans pitié aux coups d'un ennemi victorieux, avait, en février 1871, profité du premier moment de répit qu'elle avait obtenu, pour se débarrasser de leur tyrannie et pour repousser la responsabilité de toutes les fautes qu'ils avaient commises.

Aujourd'hui le suffrage universel s'est ravisé, il acclame les partisans de la guerre à outrance, et là où par exception il ne se prononce pas en faveur d'un radical, il accepte de préférence un conservateur qui, de près ou de loin, ait participé à la politique néfaste qui a amené la campagne de 1870.

En sorte que l'on peut dire en toute vérité que les faveurs de la foule se sont portées presque exclusivement sur ceux qui ont déclaré la guerre à la Prusse ou sur ceux qui l'ont continuée au risque de compromettre l'existence même de la patrie. Et il faut remarquer que ce revirement se produit après cinq ans de réflexion, que c'est donc un acte raisonné et froidement accompli.

C'est la France qui, par plusieurs millions de suffrages, vient réclamer la pleine et entière responsabilité de tout ce qui s'est fait à Metz, à Sedan, dans l'armée de la Loire et dans l'armée de l'Est; elle approuve tous les plans de campagne, tous ces bulletins véridiques affichés chaque jour à la porte des mairies, toutes les opérations financières. Elle trouve même que tout cela ne lui suffit pas, et elle élève au pouvoir les hommes qui lui ont rendu de si précieux services, afin qu'ils puissent recommencer à la première occasion.

Voilà ce que fait la France, ou plutôt, empoisonnée par l'esprit révolutionnaire, elle se refuse à comprendre la grande leçon du malheur, et promenant ses regards sur ses fils morts dans des combats sans espoir, sur l'Alsace et la Lorraine arrachées de ses bras, elle pousse, comme pour braver la Providence, ce cri de révolte insensée : Que tout ce sang et que toutes ces larmes retombent sur ma tête et sur celle de mes enfants.

Voilà quelle est, en définitive, la signification des élections des 20 février et 5 mars 1876.

Certes, c'est là, pour tous les cœurs vraiment épris de la France, le sujet d'une grande, d'une inconsolable douleur; mais, hélas! combien en est-il aujourd'hui?

L'égoïsme a tué le patriotisme, et pourvu que l'on vive bien et que l'on ait beaucoup d'argent, qu'importe que la gloire nationale s'obscurcisse de plus en plus, que nos ennemis se préparent déjà à se partager nos provinces et que des électeurs insensés travaillent à nous dépouiller du seul bien que n'ait pas pu nous ravir la défaite: l'honneur?

Il est donc inutile de parler de l'avenir de notre beau pays, de se demander s'il reprendra jamais la grande place qu'il occupait jadis en Europe, si le vieux nom des Francs fera encore tressaillir en Orient et jusque dans les solitudes de l'Amérique tous les cœurs généreux, si les faibles et les opprimés continueront à tourner vers nous leurs regards, ou si, descendant de plus en plus la pente qui nous entraîne à notre ruine, nous sommes condamnés à disparaître de la carte du monde, à n'être plus qu'un nom glorieux dans l'histoire, un souvenir plein de charme pour les poëtes, une leçon terrible pour les peuples.

Qu'importe tout cela?

Le progrès a fait justice de toutes ces rêveries. La

religion positive et la science positive ont engendré un patriotisme positif qui ne s'inquiète que de ce qu'il voit et de ce qu'il touche, et par-dessus tout de l'argent, objet particulièrement agréable à voir et surtout à toucher.

Occupons-nous donc avant tout de l'argent et essayons de démontrer que la politique qui prévaut menace la bourse de tout le monde, et que la propriété est aujourd'hui plus vigoureusement et surtout plus habilement attaquée que jamais; ce n'est qu'en seconde ligne que nous parlerons de la famille, de la religion, de l'unité nationale et du respect de l'autorité.

Eh quoi! dira-t-on, vous croyez que tous ces grands principes sont menacés? Mais vous ne lisez donc pas les journaux? n'y voyez-vous pas que la République est modérée, que les radicaux sont tous modérés, et que les conservateurs peuvent s'en rapporter aveuglément à toutes les promesses qui leur sont faites et dormir sur les deux oreilles?

O vous, hommes paisibles et naïfs qui tenez ce langage, écoutez cette simple histoire.

En 1793, vivaient à Toulon deux vrais sans-culottes : l'un était le citoyen Barthélemy, procureur de la commune ; et l'autre, un certain Figon, son homme de confiance. A eux deux, ils purgèrent cette bonne ville de tous les honnêtes gens qui souillaient de leur aspect le regard austère des patriotes. Quand la besogne fut terminée, Barthélemy résolut de se débarrasser d'un complice incommode et d'un témoin gênant; il soudoya donc un misérable pour traduire Figon devant son tribunal. La veille du jour convenu, Barthélemy eut soin de prévenir son camarade, de lui dire que tout ce qui allait se passer n'était que pure plaisanterie.

Celui-ci le crut, et le lendemain, quand il s'entendit condamner à mort, il en rit aux éclats; il ne commença à se méfier que lorsqu'il vit qu'on le bâillonnait et qu'on l'emmenait en charrette vers sa bonne amie la guillotine, et ne fut pleinement convaincu qu'il avait été joué que lorsque sa tête fut dans le panier.

Eh bien, messieurs les conservateurs, prenez garde que les Barthélemys de Versailles et de Paris ne vous jouent le même tour, et regardez-y à deux fois avant d'ajouter une entière croyance à leurs mielleuses paroles.

Sans doute ce qu'il y a à redouter à l'heure actuelle, ce n'est pas l'émeute violente hurlant dans la rue, mais c'est l'avénement légal du radicalisme, c'est la destruction méthodique de tous les grands principes sociaux, c'est la réalisation scientifique et raisonnée de la liquidation sociale.

Ce qui nous perd en France, c'est cet optimisme

vraiment incroyable, cette bonne opinion que nous avons de nous, qui fait que nous nous persuadons que nous serons toujours à temps à conjurer le danger et que nous avons en horreur la vérité qui ne nous flatte point. C'est ainsi qu'en 1870, alors que l'Europe entière voyait que nous marchions à un inévitable désastre, nous nous grisions de chants guerriers et nous nous imaginions que la France serait invincible, par cela seul qu'elle était la France, et qu'avant quinze jours Berlin serait en notre pouvoir.

Aujourd'hui encore, l'Europe entière nous regarde descendre au tombeau et se prépare à se partager nos dépouilles. On vend en Suisse, en Allemagne et en Italie des cartes où les provinces qui doivent nous être enlevées sont nettement indiquées. L'instabilité de nos institutions politiques éloigne de nous toute sympathie et toute alliance. Le pouvoir appartient à des hommes qui nous ont donné des preuves irrécusables de leur incapacité, et pourtant on aime à se rassurer; on espère que tout se bornera à une persécution religieuse plus ou moins accentuée; on la déplore bien haut pour la forme, mais, au fond, on s'en lave les mains, et l'on n'est même pas fâché que le torrent populaire trouve ainsi sur sa route un obstacle à emporter, et qu'il détourne sur le clergé le flot des passions haineuses qui animent le pauvre contre le riche.

Eh bien, c'est là une fausse sécurité. Les radicaux n'attaquent la religion que pour arriver plus sûrement au capital et parce qu'ils savent que le rempart le plus sûr de la propriété, c'est le respect de la loi de Dieu.

C'est ce dont nous allons nous convaincre en étudiant leur programme.

LE PROGRAMME RADICAL.

Le programme radical a été affiché sur toutes nos murailles pendant la période électorale; il est donc facile à connaître.

Voici quels en sont les points principaux :

Réforme des impôts dans le sens de l'établissement d'un impôt unique sur le capital ou sur le revenu.

Instruction gratuite, obligatoire et laïque.

Séparation de l'Église avec l'État.

Autonomie de la commune.

Amnistie pour les crimes et délits se rapportant à l'insurrection de la Commune de Paris.

Tel est le programme radical imposé par les comités révolutionnaires à tous leurs candidats.

Sans doute, il y a bien des radicaux qui ne partagent pas toutes ces idées; les uns le sont devenus par des motifs d'ambition, d'autres sous l'influence de passions locales; ils ont pu prendre des engagements, mais ils sont bien décidés à ne les pas tenir.

Mais ce ne sont là que des divergences isolées qui ne peuvent influer d'une manière sensible sur la marche du parti : quand une armée monte à l'assaut, qu'importent les sentiments intimes des soldats? Pourvu qu'ils aillent en avant, cela suffit.

Examinons donc en détail et avec une scrupuleuse attention les divers points du programme de nos adversaires.

DE LA RÉFORME DES IMPÔTS DANS LE SENS DE L'ÉTABLISSEMENT D'UN IMPÔT UNIQUE ET PROGRESSIF SUR LE CAPITAL OU SUR LE REVENU.

La grande question qui travaille et qui agite les masses populaires, c'est incontestablement l'inégale répartition des biens de la terre.

Le pauvre travaille du matin au soir pour gagner un modeste salaire ; ce n'est qu'à force de privations qu'il peut réaliser quelques économies qui puissent mettre sa vieillesse à l'abri de la mendicité, et si un chômage survient, si la maladie franchit le seuil de sa demeure, sa petite épargne est bien vite épuisée, et la misère, la hideuse misère, vient s'asseoir à son foyer. Or, à côté de lui, il voit le riche qui vit dans les délices, qui sans travail regorge d'or et d'argent et qui semble prendre plaisir à étaler devant ses yeux affamés sa fastueuse prodigalité. Ce spectacle l'irrite et le révolte; et alors il ne songe pas à se demander quelle est la meilleure forme de gouvernement, quels sont les avantages du système parlementaire et de la pondération des pouvoirs. Il trouve que la société est mal organisée, qu'il y a des hommes qui ont trop d'argent et d'autres qui n'en ont pas assez, et il écoute aveuglément ceux qui lui promettent d'amener un ordre de choses meilleur, de secourir sa misère, et de lui partager les dépouilles des classes riches.

Ces malheureux constituent à la fois l'avant-garde et la réserve du parti radical; organisés en sociétés secrètes, ils marchent avec une précision et un ensemble qui témoignent d'une grande habileté chez ceux qui les dirigent.

Plusieurs fois ils ont essayé de conquérir par l'émeute ces biens qu'ils convoitaient; vaincus dans ces luttes sans espoir, ils ont rudement expié ces tentatives criminelles et insensées.

Mais aujourd'hui la Constitution a mis entre leurs mains un levier plus sûr et moins dangereux que le fusil et les barricades : le bulletin de vote.

Ils s'en servent avec une âpre énergie pour la conquête du capital; le prix du combat est toujours le même, l'arme seule est changée.

Il ne s'agit plus aujourd'hui d'engager contre un gouvernement quel qu'il soit une lutte fratricide, il suffit d'obtenir en faveur de la liquidation sociale une majorité quelconque, ne fût-elle que d'une voix.

Mais ici encore les révolutionnaires se trouvent arrêtés par un obstacle en apparence insurmontable, c'est qu'ils n'ont pas plus le nombre que la force.

En France, les citoyens qui ne possèdent rien sont en minorité; dès lors, si la propriété était attaquée, une majorité imposante et résolue se lèverait pour la défendre. Comment donc les déshérités feront-ils pour déplacer le nombre de voix qui leur est nécessaire et arriver enfin au triomphe de leurs doctrines? En seront-ils réduits à renoncer à leurs espérances? Pas le moins du monde; ils essayeront de tourner l'obstacle qui leur est opposé et de s'introduire par la ruse dans la citadelle qu'ils ne peuvent emporter de vive force.

Comprenant à merveille qu'il serait désastreux pour eux d'affirmer ce qu'ils appellent leurs revendications, ils les ajournent et proclament hautement leur respect pour la propriété, qu'ils jurent même de défendre et de consolider.

Seulement ils demandent que notre système financier soit radicalement modifié et que tous les impôts actuellement existants soient remplacés par une taxe unique et progressive sur le capital ou sur le revenu. Or, l'impôt unique et progressif sur le capital ou le revenu, c'est le moyen infaillible d'arriver pratiquement et légalement à la dépossession complète des classes riches au profit des classes pauvres.

C'est ce qu'il s'agit de démontrer, et pour cela il faut avant tout se rendre un compte exact de ce que cette théorie offre de séduisant et de captieux, de la fascination qu'elle exerce sur les ouvriers et sur les paysans les plus honnêtes, ce qui fera que tôt ou tard elle sera adoptée par le suffrage universel.

Il faut ensuite examiner quelles seront les conséquences de son application.

La théorie de l'impôt unique et progressif sur le capital ou sur le revenu est bien faite pour entraîner l'esprit le plus sensé, pour égarer le jugement le plus droit.

A quoi bon, vous dit-on, tant d'impôts divers? Nous avons l'impôt foncier, l'impôt mobilier, l'impôt des portes et fenêtres, l'enregistrement, le timbre, les droits de mutation, l'impôt sur les boissons, sur les huiles, sur les tabacs, sur les allumettes, sur les voitures, les octrois, les droits de douane, etc., etc.

Est-ce qu'en définitive ce ne sont pas toujours les contribuables qui payent? Que gagnent-ils donc à ce qu'on leur demande sous tant de formes différentes l'argent qu'on exige d'eux? Rien assurément. Loin de là, ils sont encore astreints à une multitude de démarches, exposés à une infinité de désagréments, tels que : procès-verbaux, amendes, tracasseries de la part des fonctionnaires, etc. Enfin, ils payent infiniment plus cher, puisque, en définitive, ce sont eux qui soldent cette armée d'employés qui seraient si utilement occupés par l'agriculture et par l'industrie, et qui encombrent les milliers de places que nécessitent ces diverses taxes.

Ne serait-il pas infiniment préférable de calculer ce que chaque contribuable donne au Trésor, tant en impôts directs qu'en impôts indirects, et de lui demander purement et simplement cette somme qu'il pourrait acquitter par douzième à la fin de chaque mois? En définitive, d'une manière ou de l'autre, il faut toujours qu'il paye; or, ne serait-il pas intéressé, en ne donnant ni plus ni moins que par le passé, à voir toutes les entraves disparaître, toutes les barrières s'abaisser, et à n'être pas à chaque minute sous le coup d'un procès-verbal entraînant une amende colossale?

Ainsi, voici un homme qui paye, je suppose, 40 francs d'impôt foncier, l'impôt indirect qu'il supporte s'élève à 110 francs, en comprenant l'augmentation du prix du tabac, du vin, de l'huile, et résultant des taxes établies sur ces divers objets. Eh bien, ne vaudra-t-il pas mieux pour lui payer 150 francs, soit 12 fr. 50 par mois, et avoir ensuite ses coudées franches? Et notez que l'État, réalisant une économie considérable sur les frais de perception, pourrait ne recevoir que 130 francs au lieu de 150.

N'est-il pas évident, dès lors, que l'établissement d'un impôt unique est une mesure excessivement sage, et qu'un aveugle préjugé seul peut faire obstacle à la réalisation d'un si désirable progrès?

Mais sur quoi devra porter cet impôt unique,

quelle est la base sur laquelle il devra être établi? Il ne pourra raisonnablement avoir d'autre fondement logique que les ressources des contribuables sur lesquels il sera perçu, c'est-à-dire leur capital ou leur revenu. En effet, les dépenses de l'État doivent être supportées par chaque citoyen en proportion du bénéfice qu'il en retire; or, plus un homme est riche, plus il est intéressé au maintien du bon ordre, et plus il profite de tous les services publics organisés pour la défense, l'exploitation et l'amélioration des propriétés mobilières ou immobilières. Quant à savoir si ce sera le capital ou le revenu qui seront imposés, on n'est pas d'accord sur ce point; la majorité incline cependant pour le revenu, et avec grande raison; l'impôt, étant, en effet, une charge annuelle, doit être établi sur les ressources annuelles et pouvoir varier avec elles; or, les ressources annuelles d'un individu, c'est ce qu'on appelle son revenu.

Nous voici donc arrivés à établir la légitimité, nous dirons presque la nécessité de l'impôt unique sur le revenu.

Mais ici nous rencontrons encore un autre ordre d'idées, et nous sommes amenés à nous demander quelle est la portion du revenu de chaque citoyen qui doit être plus spécialement affectée au payement de l'impôt. Est-ce cette portion qui lui est absolument nécessaire pour vivre et sans laquelle il serait réduit à mourir de faim? est-ce celle qui, sans lui être absolument nécessaire, lui est pourtant utile et lui permet d'avoir, comme le voulait le bon roi Henri, la poule au pot tous les dimanches? est-ce, enfin, celle qui ne lui est ni nécessaire, ni même utile, qui constitue ce qu'on appelle le superflu, qu'il est obligé d'accumuler toutes les années ou de dissiper en fastueuses prodigalités qui semblent insulter à la misère du pauvre?

Évidemment, si l'on veut être de bonne foi, on sera amené à reconnaître que, dans le revenu, ce qui est absolument nécessaire devra être exempt de tout impôt, que ce qui est utile devra être modérément imposé, et qu'enfin le superflu devra être plus sérieusement atteint.

Ainsi, par exemple, voici un ouvrier qui n'a que le produit de sa journée; il a cinq enfants, et c'est à peine s'il peut leur donner le pain nécessaire pour ne pas mourir; il est bien évident que personne ne songera à lui faire payer un impôt.

Voici un propriétaire ou un capitaliste qui, en additionnant le produit de ses biens et celui d'un modeste emploi, a 3,500 ou 4,000 francs de rente; il a aussi une nombreuse famille, il a, en outre, un certain nombre d'obligations sociales à remplir; il est donc obligé de vivre avec une grande économie pour ne pas entamer son capital.

Il est incontestable qu'il devra être imposé, car,

enfin, ses ressources lui permettent certainement de s'acquitter envers le fisc; mais la taxe devra être légère. Lorsqu'on lui aura pris le 6 ou le 7 pour 100 de son revenu, c'est-à-dire de 200 à 250 francs par an, ce sera bien suffisant.

Mais voici, d'autre part, un célibataire qui a 500,000 francs de rente. Ne pourra-t-on pas, sans injustice d'aucune sorte, l'imposer à raison de 20 à 25 pour 100 et lui demander 100,000 ou 125,000 francs d'impôt par an ? Est-ce qu'un homme seul ne peut pas vivre largement avec 375,000 francs ou 400,000 francs par an, et s'il refusait de donner un peu de cet or dont il regorge pour exonérer le pauvre qui meurt de faim à ses côtés, ne mériterait-il pas de voir son avidité flétrie et châtiée ?

Il est impossible de trouver un impôt plus équitable, puisque, en définitive, il ne fera que soulager le contribuable opulent des sommes qu'il ne saurait comment dépenser.

Telle est la théorie de l'impôt unique et progressif sur le revenu. Il faut avouer qu'elle est séduisante, et, au premier abord, on serait tenté de se dire : mais, si c'est là tout ce que veulent les radicaux, il est à désirer qu'ils réussissent. Mais pour bien juger de l'attrait qu'elle présente, il faut avoir été témoin de la fascination qu'elle exerce lorsqu'elle est développée par des apôtres ardents devant des auditeurs qui doivent bénéficier de son application.

C'est dans les campagnes surtout que la propagande déploie la plus grande somme d'activité. Les agents radicaux vont chez les paysans, et leur tiennent le langage suivant :

On nous accuse de vouloir supprimer la propriété, rien de plus faux; nous en sommes les défenseurs les plus fermes et les plus résolus, et la preuve, c'est que nous voulons la délivrer de toutes les entraves qui l'oppriment et qui l'écrasent.

Ainsi, à l'heure actuelle, vous payez l'impôt foncier, l'impôt sur les portes et fenêtres, la prestation en nature; quand votre père est mort, il vous a fallu peut-être emprunter pour payer les droits de mutation; et après tout cela vous n'êtes même pas libres de porter comme bon vous semble votre huile ou votre vin au marché. Eh bien; nous voulons supprimer tout cela, et vous affranchir définitivement de ces prescriptions incommodes et barbares.

Nous remplacerons toutes ces taxes par un impôt unique sur le revenu; vous en supporterez votre part, sans doute, car cela est juste; mais, comme vous n'êtes pas riche, cette part sera petite. On vous prendra le 3 ou le 4 pour 100 de votre revenu. Vous avez 1,200 francs de rente, entre le produit de vos journées et ce que vous rapporte votre champ : eh bien, vous payerez 40 ou 50 francs par an.

Mais votre voisin est riche, il ne sait que faire de son argent, il a six chevaux dans son écurie et douze domestiques dans sa maison; nous ne lui enlèverons pas ses propriétés, parce que ce serait là une mesure violente et inique; mais puisqu'il a de si forts revenus, n'est-il pas juste qu'il soit imposé beaucoup plus que vous qui avez peine à aller au bout de l'an ?

Il a 400,000 francs de rente, il payera 100,000 francs d'impôts, il lui restera encore 300,000 francs pour vivre; avec cela on ne meurt pas de faim, et s'il n'est pas content, qu'il change sa position contre la vôtre; ce n'est pas vous qui vous en plaindrez.

Il faudrait connaître bien peu le caractère du paysan pour se faire illusion sur l'impression profonde que lui cause un pareil langage qui flatte ses passions dominantes, l'amour de l'épargne et l'envie, et ne heurte pas de front son honnêteté; il est donc fatalement, inévitablement entraîné.

Cette manœuvre des révolutionnaires est excessivement habile en ce sens qu'elle jette la division dans le camp des détenteurs de la propriété, elle rattache au radicalisme tous ceux qui possèdent peu et laisse ceux qui possèdent beaucoup dans un isolement complet. Dès lors l'issue de la lutte ne saurait être douteuse, les grands propriétaires et les riches capitalistes, étant en infime minorité, seront écrasés dans les luttes électorales, et la libre expression du suffrage universel doit amener à brève échéance l'établissement de l'impôt unique et progressif sur le revenu [1].

Et maintenant uous avons à nous demander quelles seront les conséquences de cette mesure, et nous allons constater que sous cette théorie spécieuse se cache une attaque audacieuse et perfide contre la propriété, et qu'avec les institutions politiques qui nous régissent l'impôt unique et progressif sur le revenu, c'est tout bonnement la liquidation sociale.

Tous les peuples vraiment libres, tous ceux qui ont voulu sérieusement assurer le respect du droit de propriété contre les caprices des tyrans ou de la multitude ont posé à la base même de leurs institutions cette maxime célèbre : l'impôt doit être voté par ceux qui le payent. Il est évident, en effet, que si le chef d'un gouvernement quelconque, que ce soit un roi, un président de la République ou même une assemblée, peut déterminer comme bon lui semble la quotité d'impôts dont il bénéficiera et dont il n'aura pas à supporter la charge, il sera invinciblement entraîné à l'exagérer de telle façon

[1] On n'arrivera pas du premier bond à la réalisation complète de ce système ; on procédera par gradations, et l'on sait que des propositions pour l'établissement de l'impôt sur le capital et de l'impôt sur le revenu ont été déposées à la Chambre.

que les contribuables seront menacés d'une expropriation véritable.

Si, au contraire, l'impôt est voté par ceux qui ont à le payer, ceux-ci, balancés entre la nécessité d'assurer la prospérité et la grandeur de leur pays et le désir de donner le moins possible, veilleront avec la plus grande sollicitude à ce que l'on ne dépense que ce qui est strictement nécessaire.

C'est ce qui se passe à l'heure présente en France. En effet, les impôts directs atteignent tous ceux qui possèdent, les plus petits propriétaires tout comme les détenteurs des plus vastes domaines, et les impôts indirects frappent ceux mêmes qui ne possèdent absolument rien. Toute augmentation de dépense, et par suite toute aggravation d'impôts, atteint donc directement et personnellement tous les électeurs sans distinction aucune, et naturellement ceux-ci écarteraient infailliblement des fonctions publiques les hommes qui leur auraient imposé ce surcroît de charges.

Or, l'établissement de l'impôt unique et progressif sur le capital ou sur le revenu aurait précisément pour résultat de renverser cette situation.

La France, en effet, est régie par le suffrage universel, et c'est la majorité numérique seule qui fait la loi, loi sans appel et sans recours d'aucune sorte, puisque, de quel côté que nous tournions nos regards, nous ne voyons aucune autorité et aucune force qui puisse la tenir en échec.

Or cette majorité est composée de tous les électeurs qui possèdent peu et de ceux qui ne possèdent rien; ceux qui possèdent beaucoup sont en infime minorité. C'est, par conséquent, aux classes peu fortunées qu'appartient en réalité le vote des dépenses et des recettes; les classes aisées, n'étant pas en majorité, ne peuvent même pas les discuter.

Mais nous avons vu qu'avec l'impôt progressif les classes populaires sont en partie complétement exonérées et en partie très-faiblement atteintes, et que tout le poids des charges publiques sera supporté par les classes riches. Par conséquent, l'impôt sera voté par les classes populaires qui ne le payeront pas, et les classes riches qui le payeront ne pourront même pas le discuter. Le grand principe, que l'impôt doit être voté par ceux qui le payent, sera donc complétement violé.

Et il est bien évident que les conséquences d'une situation pareille ne tarderont pas à se faire sentir.

En effet, les conseils municipaux, les conseils généraux, les assemblées législatives issues des suffrages des classes peu fortunées, n'auront plus aucun frein qui les arrête dans la fixation des dépenses, et elles puiseront à pleines mains dans la caisse des riches, pour satisfaire aux exigences de leurs électeurs.

On établira dans les moindres bourgades des écoles laïques et obligatoires avec des instituteurs largement rétribués, on allouera des salaires aux conseillers généraux, aux conseillers d'arrondissement et aux conseillers municipaux. On augmentera les subventions des hospices et des bureaux de bienfaisance, on votera des retraites aux invalides du travail; on n'hésitera pas, le cas échéant, à ouvrir des ateliers nationaux pour assurer la subsistance des ouvriers sans ouvrage. On multipliera outre mesure tous les emplois, on inventera des sinécures; en un mot, ce sera une course échevelée de tous les déclassés, de tous les affamés vers ce but ardemment désiré et dès lors facile à atteindre : gagner de l'argent sans rien faire.

Ainsi, les charges publiques seront incessamment et considérablement augmentées, et le budget actuel, qui se solde par un chiffre de 2 milliards 700 millions, ne tardera pas à arriver à 3 milliards 500 millions et même à 4 milliards.

D'autre part, les détenteurs de la puissance publique, les élus du suffrage universel seront naturellement enclins à restreindre le nombre des contribuables qui auront à supporter ces dépenses exorbitantes, afin de s'assurer les sympathies du plus grand nombre d'électeurs possible. Il en résultera que cette charge énorme, retombant sur un petit nombre de citoyens, les écrasera sous son poids.

Mais les conséquences violentes et iniques de l'établissement de ce système d'impôts ressortiront avec plus d'évidence encore si nous examinons comment s'opérera la répartition de cette taxe, comment on fixera la somme que chacun aura à payer.

Les impôts actuels, en effet, reposent sur une base fixe et facilement saisissable.

L'impôt foncier est établi d'après les indications cadastrales, l'impôt mobilier, sur les baux à loyer; les droits sur les boissons, sur les quantités consommées. Pour l'impôt unique et progressif, au contraire, rien de pareil. Il est excessivement difficile, en effet, de calculer le revenu d'une personne, et le plus souvent elle-même serait impuissante à le faire. Il est, en effet, fort malaisé quelquefois de constater dans les recettes que l'on opère ce qui appartient au capital et ce qui appartient au revenu; la chose est pour ainsi dire palpable pour l'industriel et pour le commerçant, qui gagnent quelquefois 30,000 fr. dans le premier trimestre, et en perdent 25,000 dans le second, et qui ne peuvent constater exactement leurs bénéfices que le jour où ils liquident.

Mais pour le propriétaire lui-même, pour le capitaliste, comment calculer d'une manière exacte la portion des recettes qui doit être tenue en réserve pour faire face aux grosses réparations, aux pertes provenant des intempéries des saisons, aux désastres financiers qui peuvent anéantir certaines valenrs ?

Comment donc fera-t-on pour établir le revenu des contribuables ? s'en rapportera-t-on à leurs déclarations ?

Mais alors l'impôt sera absolument improductif, car on peut être assuré que chacun aura tout juste de quoi vivre, et que, loin de venir confesser un superflu quelconque, la plupart réclameront un supplément. Il faudra donc que ces déclarations soient contrôlées, et c'est là que se trouvera le plus grand danger.

En effet, qui est-ce qui sera chargé de ce contrôle ? Le gouvernement, sans contredit. Or, le gouvernement sera l'expression de la majorité, c'est-à-dire les mandataires (et quels mandataires !) de ceux qui possèdent peu ou qui ne possèdent rien.

En définitive, ce seront donc des prolétaires qui fixeront les revenus des riches ou prétendus tels et les imposeront en conséquence.

Quelles que soient les combinaisons que l'on adopte, on ne pourra jamais modifier le fond des choses. Que cette constatation soit confiée à des jurés, à des commissions nommées par le pouvoir exécutif, par les assemblées législatives, par les conseils généraux ou par les conseils municipaux ; qu'il y ait une commission supérieure avec droit de révision ou qu'il n'y en ait pas, la situation sera toujours la même.

Le pouvoir exécutif, issu directement ou indirectement et pour un temps limité du suffrage universel, sera l'esclave de la majorité.

Il en sera de même de toutes les assemblées que nous avons énumérées. Par conséquent, les jurés ou les membres des commissions seront partout et toujours choisis parmi les hommes obligés à servir les intérêts et les passions des classes populaires constituant cette majorité.

En fait, dans chaque commune et dans chaque département, ce seront toujours les citoyens qui seront à la tête du mouvement radical qui seront désignés, soit en qualité de jurés, soit en qualité de membres des commissions, pour statuer sur le revenu de leurs compatriotes.

Dès lors, chacun peut se faire une idée du sort qui l'attend, et, jetant ses regards dans les profondeurs des cabarets voisins, pronostiquer sans grande chance de se tromper quels seront les citoyens chargés de le soulager du fardeau incommode des richesses.

Ainsi, d'une part, chaque conseil municipal, chaque conseil général, et à leur tête les assemblées législatives, rivaliseront de zèle pour dépenser le plus d'argent possible dans un intérêt humanitaire et patriotique. Quant aux recettes, les bons patriotes de chaque département y pourvoiront en taxant *ad libitum* tous les habitants aisés de leurs communes respectives.

Voilà, en résumé, ce que sera l'application de l'impôt unique et progressif sur le revenu.

On aura beau chercher à le nier, protester de la meilleure volonté d'être juste et équitable, la loi du nombre est là, et elle aura raison de toutes les résistances.

Chaque député sera l'esclave de la circonscription qui l'aura élu, le chef du pouvoir exécutif l'esclave des députés de qui il tiendra ses pouvoirs; il faudra donc bien subir la loi des électeurs, désigner les jurés qu'ils désigneront, composer les commissions comme ils l'auront voulu, ou plutôt il faudra leur laisser le pouvoir de composer eux-mêmes les jurys ou les commissions comme bon leur semblera.

Ainsi, d'une manière ou de l'autre, le résultat sera toujours le même; la fortune de tous les citoyens sera à la merci des classes populaires qui, le plus légalement du monde, pourront la confisquer à leur profit.

Est-ce là, oui ou non, la liquidation sociale?

Mais, dira-t-on, l'impôt sur le revenu existe en Angleterre et en Allemagne, et n'y a point produit ces résultats désolants.

La raison en est bien simple : c'est que dans ce pays le pouvoir appartient à la classe riche, car le suffrage universel n'y existe pas; que l'impôt y est donc voté par ceux qui le payent. Du reste, en Angleterre, l'*income-tax* est éminemment impopulaire à cause de l'arbitraire avec lequel il est nécessairement appliqué, et parce que les partis qui se succèdent au pouvoir ne se font pas faute de dégrever leurs partisans et d'imposer outre mesure leurs adversaires.

Enfin, au lieu d'être un impôt unique, l'*income-tax* est un impôt restreint. Loin de lui demander une somme de trois ou quatre milliards, on se contente d'en exiger 150 millions. Et cela, qu'on le remarque bien, dans le pays le plus riche du monde.

Ainsi, la démonstration est complète, le but que poursuivent les révolutionnaires est toujours le même qu'autrefois. Ils veulent s'emparer du capital; leur tactique seule a changé. Au lieu d'arriver par la violence, ils veulent procéder légalement; au lieu du fusil, ils emploient le vote. A l'émeute, ils substituent un sophisme séduisant, et s'ils se montrent si modérés, c'est qu'ils savent à merveille que, dans un temps donné, ils doivent aboutir par des moyens pacifiques, et que le suffrage universel les mettra dans quatre ans, au plus tard, à même de prendre dans le coffre-fort des capitalistes et des propriétaires toutes les ressources qu'ils jugeront à propos d'y puiser.

Voilà ce que les radicaux entendent par cet impôt unique et progressif qu'ils réclament dans toutes leurs professions de foi, et que les comités directeurs imposent à tous les candidats.

Ces lignes étaient déjà écrites lorsque la *République française*, journal de M. Gambetta, président de la commission du budget, a commencé sa campagne en faveur de l'établissement d'un impôt sur le revenu, en remplacement de diverses taxes de consommation établies par l'Assemblée nationale.

Une fois encore, nous avons pu constater l'habileté extrême de son adversaires. Que veulent-ils, en effet? Ils veulent en réalité l'établissement d'un impôt unique et progressif sur le revenu. Mais ils comprennent qu'ils ne peuvent pas, du premier bond, arriver à la réalisation complète de ce système financier. Ils commencent donc par réclamer simplement l'établissement d'un impôt sur le revenu, et ils l'entourent de garanties destinées à rassurer les esprits méfiants. Ils espèrent ainsi obtenir la majorité dans les deux Chambres. Une fois le principe de l'impôt voté, le reste ira de soi.

En effet, par la force invincible des choses, on sera amené à rendre cet impôt progressif. Comment, en effet, oserait-on percevoir une taxe quelconque sur un malheureux journalier, qui sera détenteur de 15 ou 20 francs de rente, fruit de longues économies? On demandera donc l'exemption pour les petits revenus, tout comme on a exempté de la cote mobilière tous les petits loyers de Paris, et, s'appuyant ensuite sur ce précédent, on en arrivera à bref délai à échelonner la quotité de la taxe suivant l'importance des revenus; il suffira qu'une proposition de cette nature soit présentée à la Chambre pour qu'elle soit votée, car les députés qui la rejetteraient verraient leur réélection sérieusement compromise.

La fixation des revenus et, par conséquent, du chiffre de l'impôt par des jurys ou des commissions s'imposera également. En effet, quand toutes les valeurs françaises seront taxées, et que des besoins d'argent se feront sentir, on voudra évidemment atteindre les valeurs étrangères et toutes les autres sources de revenus. Or, pour être fixé sur tous ces points, il faudra bien s'en référer à l'appréciation d'un tribunal quelconque.

Dès l'instant que le principe de l'impôt sur le revenu est admis, cette conséquence en découle, car c'est le revenu tout entier qui doit être atteint; aussi bien le revenu apparent et provenant de valeurs françaises, que le revenu occulte et provenant de placements faits à l'étranger.

Enfin, par la force des choses, cet impôt tendra à remplacer tous les autres. Pour s'en convaincre, qu'on se reporte par l'esprit aux prochaines élections générales.

En tête de leur programme, les radicaux inscriront le remplacement de toutes les taxes impopulaires par une augmentation considérable de l'impôt sur le revenu. — Or, comme la majorité sera ainsi sensiblement déchargée au détriment des capitalistes et des grands propriétaires, il n'est pas douteux qu'elle n'élève au pouvoir ceux qui consentiront à prendre un engagement qui leur paraîtra si avantageux.

Ainsi, la proposition de la *République française* est le premier pas fait dans la voie que nous avons essayé d'indiquer. Avancer lentement, mais sûrement, telle est actuellement la tactique des révolutionnaires.

M. Gambetta lui-même l'a dit : il s'agit de bien savonner la planche afin que le pays glisse sans secousse jusqu'au fond du précipice.

Arrivons maintenant au second point du programme révolutionnaire.

L'INSTRUCTION GRATUITE, OBLIGATOIRE ET LAÏQUE.

Nous venons de voir que, par l'impôt unique et progressif sur le revenu, le parti révolutionnaire veut donner aux autorités issues du suffrage universel un pouvoir discrétionnaire sur les biens de tous les citoyens. Ceux-ci ne conserveront leur fortune que tout autant que les mandataires de la majorité (et Dieu sait quels seront ces mandataires !) voudront bien le leur permettre ; le jour où l'on trouvera qu'il y a assez longtemps qu'ils en jouissent, on les frappera d'une taxe énorme qui équivaudra pour eux à une expropriation véritable.

Mais ce n'est pas encore assez; ces amis de la liberté, ces partisans des droits de l'homme veulent encore nous enlever ce que nous préférons mille fois à tous nos biens, ce que nous aimons plus que nous-même : ils veulent nous arracher nos enfants.

Là encore, ils n'osent pas dévoiler franchement leurs projets, car ils savent qu'ils viendraient se briser contre une force tout aussi irrésistible et plus noble encore que l'intérêt, contre ces trésors d'amour et de tendresse que Dieu a enfermés dans le cœur de tous les pères et de toutes les mères.

Ils procèdent donc avec une extrême circonspection et une cauteleuse habileté.

L'instruction, disent-ils, est le premier des biens; elle permet à l'homme d'arriver à la vérité, elle développe son intelligence et son cœur, le met à même de gagner plus facilement sa vie et de mieux utiliser son travail. Il faut donc veiller à ce qu'elle soit aussi répandue que possible ; il ne faut pas que le père de famille puisse objecter que ses ressources ne lui permettent pas de la faire donner à ses enfants ; il faut par conséquent la rendre gratuite.

Ce sera là une dépense pour l'État sans doute, mais elle sera largement compensée par tous les avantages qui en résulteront.

Les citoyens en effet étant plus instruits, plus intelligents, plus industrieux, produiront davantage, ce qui amènera un accroissement de la richesse publique et par conséquent du rendement des impôts.

L'instruction doit donc être gratuite.

Mais lorsque le père ou la mère n'auront plus aucune espèce de raison légitime pour refuser à leurs enfants un bien si précieux, pourra-t-on admettre que, par négligence ou mauvais vouloir, ils persistent à les en priver? Si un père refuse à son enfant la nourriture qui lui est nécessaire pour soutenir sa vie, la loi intervient pour l'y contraindre.

Or, l'instruction, ce pain intellectuel, est aussi nécessaire à l'enfant que le pain de froment; la loi doit donc intervenir dans ce second cas tout comme dans le premier, et obliger le père à faire participer ses enfants à ce grand banquet où la nation les convie.

L'instruction doit donc être non-seulement gratuite, mais encore obligatoire.

Enfin, la conscience de l'enfant doit être respectée, on ne doit pas violenter ses croyances religieuses; qu'il soit catholique, protestant ou juif, il a le droit d'exiger que son culte ne soit pas attaqué, car il est avant tout et par-dessus tout Français.

L'enseignement de l'école doit donc se tenir en dehors de toute question religieuse et doit être distribué par des maîtres qui ne soient au service exclusif d'aucune communion particulière.

Ainsi, l'enseignement doit être non-seulement gratuit et obligatoire, il doit encore être laïque.

Tel est notre programme, disent les radicaux; il est avantageux au père qui bénéficie de la gratuité; à l'enfant qui est protégé contre la mauvaise volonté de son père; à toutes les religions, puisque la liberté de conscience est respectée, et que le père est parfaitement libre de donner ou de faire donner à son fils, par qui bon lui semblera, l'instruction religieuse qui lui paraîtra préférable.

Quoi de plus inoffensif en apparence que ce programme? Il a l'air d'être dicté exclusivement par un amour éclairé de l'humanité.

Et pourtant nous allons voir qu'en fait il ne tend à rien moins qu'à saper par la base le droit le plus saint et le plus sacré de tous, l'autorité la plus auguste, celle du père sur ses enfants.

DEVOIRS ET DROITS DU PÈRE ET DE LA MÈRE.

L'homme naît nu et misérable, et de tous les êtres qui l'entourent, le roi de la création est à l'heure de sa naissance le plus frêle, le plus chétif, le plus incapable de se suffire. Pendant de longs mois il ne peut ni marcher ni se nourrir par lui-même, et il périrait infailliblement sans la tendresse des deux êtres que Dieu a placés auprès de son berceau : sa mère, qui, le nourrissant de son lait, l'alimente en réalité de son propre sang, et son père, qui, assurant par son travail la subsistance de la mère, assure en même temps la sienne.

Au prix de quelles sollicitudes, de combien de veilles, l'enfant grandit et se fortifie, les pères et les mères qui liront ces lignes le savent; mais le fardeau paraît léger, et l'amour dont leur âme est pleine le change même en la plus pure et la plus douce des joies.

L'enfant est le charme du foyer domestique; chez lui tout plaît, tout enchante, tout réjouit. La mère qui l'endort sur son sein ne se lasse pas de l'admirer; elle compte pour rien toute fatigue, toute peine, hormis celle de le voir souffrir.

L'enfant grandit, son intelligence s'éveille, son cœur commence à s'émouvoir; dès lors, la tâche du père et de la mère s'élève et s'agrandit : il ne leur suffira plus de lui fournir l'aliment du corps, ils devront aussi nourrir son âme, donner à son intelligence la vérité, susciter dans son cœur l'amour du bien.

Ce second devoir est plus sacré encore que le premier, car, pour l'enfant, mieux vaudrait mourir que de devenir plus tard un malhonnête homme. Quel est le père, quelle est la mère qui ne préférerait mille fois voir son fils mort que de le voir souillé par le crime et condamné au bagne ?

Dans cet enseignement que le père doit à ses enfants, il faut distinguer ce qui est absolument nécessaire de ce qui est simplement utile.

Ce qui est absolument nécessaire à l'enfant, c'est la connaissance des grands principes qui servent à distinguer le bien et le mal; il faut avant tout et par-dessus tout qu'il sache quels sont ses devoirs envers Dieu, envers ses parents, envers ses semblables et envers lui-même. Mais il faut non-seulement que l'enfant connaisse ses devoirs, il faut encore qu'il apprenne à les accomplir, il faut que le père et la mère, usant de leur autorité, répriment les mauvais penchants de la nature humaine, et, par des punitions et des récompenses appropriées à son âge, le forment à la pratique de la vertu.

C'est ce qu'on appelle l'éducation. Élever les enfants est, pour les parents, un devoir absolu; et s'ils y manquent, ils se rendent coupables d'un crime véritable.

A côté de ces connaissances absolument indispensables, nous en trouvons d'autres qui sont assurément fort avantageuses, mais dont, en définitive, l'enfant peut se passer : c'est tout ce qui tient à l'instruction proprement dite.

Ainsi il est incontestablement fort avantageux à un homme de savoir lire et écrire, de connaître les mathématiques; mais, après tout, combien ne voit-on pas de paysans et d'ouvriers qui n'ont pas ces connaissances et qui sont de fort honnêtes gens, qui mènent très-bien leurs affaires et jouissent de l'estime générale, tandis que d'autres qui les possèdent sont de francs mauvais sujets et sont absolument incapables de se suffire !

Il est impossible, si l'on est de bonne foi, de vouloir placer sur la même ligne ces deux ordres de connaissances. Quel est le père, quelle est la mère qui ne préférerait mille fois que son fils ne sût ni lire ni écrire, mais que, grâce à l'éducation qu'il aurait reçue, il fût un fort honnête homme, plutôt que de le voir possédant la science la plus étendue, mais, avec cela, détroussant les voyageurs sur la grande route?

Il est donc vivement à désirer que le père apprenne à lire, à écrire et à calculer à ses enfants; mais, ceux-ci pouvant à la rigueur s'en passer, il n'y est pas strictement obligé.

Telle est donc la théorie exacte de cette grande question : le père et la mère sont strictement obligés de donner à leurs enfants une bonne éducation, et il y a pour eux une extrême convenance, approchant presque du devoir, de leur procurer une instruction aussi étendue que leurs ressources le leur permettront et que l'exigera la situation qu'ils devront occuper dans le monde.

Mais entre cette obligation de graver dans la tête et le cœur des enfants les préceptes du Décalogue[1] et la convenance de leur inculquer les diverses connaissances humaines, il y a un véritable abîme.

Mal élever ses enfants est un crime.

Négliger de les instruire, une faute.

Mais il peut arriver que, le père étant retenu aux champs ou à l'atelier par son travail, la mère étant occupée plus particulièrement de ses plus jeunes enfants, ni l'un ni l'autre n'aient le temps d'élever les aînés, et que ceux-ci, abandonnés à eux-mêmes, soient exposés à tous les mauvais conseils et à toutes les mauvaises influences. C'est pour parer à cet inconvénient que les écoles ont été créées; le père

[1] Le Décalogue est le seul fondement de la vraie morale, ainsi que nous le démontrons plus loin.

y envoie ses enfants quand il n'a pas le temps de s'en occuper lui-même. Le maître le représente auprès d'eux, et l'autorité qu'il exerce n'a d'autre source que la délégation du père de famille; il en résulte que, remplaçant le père, il est astreint aux mêmes obligations que lui; l'éducation devra donc primer l'instruction, et qu'il devra apprendre aux enfants à devenir d'honnêtes gens avant de leur apprendre à lire et à écrire.

Cette obligation du père de famille de bien élever ou de bien faire élever ses enfants est un devoir sans doute, mais c'est aussi un droit.

L'autorité paternelle, en effet, est d'origine divine, et il n'est pas d'autorité humaine qui puisse prévaloir contre elle. N'est-ce pas le père qui veille sur les premiers pas de l'enfant? n'est-ce pas lui qui le nourrit du fruit de ses sueurs? n'est-ce pas lui dont la vieillesse sera honorée et respectée si son fils devient un bon citoyen? n'est-ce pas lui aussi qui verra ses cheveux blancs couverts d'infamie et de honte si ce même fils déshonore son nom? n'est-ce pas lui, en un mot, à qui Dieu a confié ce pauvre petit être faible et grelottant et dans le cœur de qui il a allumé le feu d'un amour qui s'accroît chaque jour et que la mort même ne peut éteindre?

C'est donc à lui de l'élever, et s'il ne peut l'élever par lui-même, lui seul aura le droit de choisir le maître auquel il le confiera. Si l'État, si la commune veulent l'arracher de ses bras pour le livrer contre sa volonté à un précepteur dont il ne veut pas, ils commettent un crime exécrable, un acte de tyrannie vraiment atroce.

C'est pourtant ce que veulent faire les radicaux, ainsi que nous allons le voir.

COMMENT LE RADICALISME VEUT EMPÊCHER LES PÈRES DE FAMILLE DE REMPLIR LEUR DEVOIR ET USURPE LEURS DROITS.

Les radicaux veulent substituer l'État ou la commune aux pères de famille pour l'éducation de l'enfance, et voici comment ils s'y prennent :

Premièrement, ils veulent obliger le père de famille à envoyer ses enfants à l'école; secondement, ils ne laisseront substituer qu'une école; ou, là où il y aura nécessité d'en avoir plusieurs, on veillera à ce qu'elles soient toutes coulées dans le même moule et soient toutes sous la dépendance de l'État.

Examinons successivement chacun de ces deux points.

Premièrement, en vertu du principe que l'instruction doit être obligatoire, le père de famille, suivant le programme radical, sera contraint d'envoyer ses enfants à l'école, à moins qu'il n'établisse qu'il les fait instruire à domicile. Or, en vérité, combien y aura-t-il de pères de famille disposant de ressources suffisantes pour user de cette faculté?

On ne se contente pas, en effet, d'exiger que les enfants sachent lire et écrire, le programme est fort compliqué et fort difficile; il comprend, entre autres, les éléments de la grammaire française, et l'on sait que des sujets même intelligents et laborieux ne peuvent vaincre les difficultés que présente cette étude que par un travail long et obstiné. Tous les ouvriers, tous les paysans, tous les artisans, tous les petits propriétaires seront donc dans l'impossibilité de faire instruire leurs enfants chez eux et devront les envoyer à l'école.

Les enfants des familles opulentes échapperont seuls à cette nécessité. Cette exception dérisoire ne fera que confirmer la règle, et l'école sera vraiment obligatoire.

Mais les pères de famille pourront-ils au moins choisir les maîtres auxquels ils confieront leurs enfants?

Assurément, si ces prétendus partisans de la diffusion des lumières étaient sincères, s'ils ne voulaient pas attenter à l'autorité paternelle, ils laisseraient à l'initiative privée ou aux diverses communions religieuses le soin de fonder les écoles (comme cela se pratique dans plusieurs États de l'Amérique); les parents choisiraient celle qui leur paraîtrait offrir les plus sérieuses garanties, et l'État répartirait les sommes allouées en faveur de la gratuité entre les divers instituteurs au prorata du nombre d'élèves qu'ils recevraient.

Avec ce système, la contrainte imposée aux parents serait singulièrement adoucie par la latitude qui leur serait laissée; en outre, une émulation extrême animerait les institutions diverses, et elles rivaliseraient de soins et d'égards vis-à-vis des enfants.

Mais l'instruction des enfants, leur bien-être, le respect de la famille, qu'importe tout cela aux révolutionnaires? Ce n'est point ce qu'ils cherchent.

Aussi condamnent-ils absolument ce procédé juste et libéral, et voici celui qu'ils adoptent. C'est l'État qui se chargera de l'éducation et de l'instruction des enfants; il ouvrira dans chaque commune une école, ou, s'il en ouvre plusieurs, il veillera à ce qu'elles soient toutes exactement semblables, et cela ira pour ainsi dire de soi, car, quel que soit le professeur, il sera toujours nommé par l'État, payé par l'État, récompensé ou puni par l'État, inspiré, surveillé par l'État. Le Gouvernement usera de sa toute-puissante autorité pour empêcher presque partout la fondation des écoles libres. Dans les petites communes, rien ne sera plus aisé; car, l'école municipale étant gratuite, il sera impossible à une école payante de subsister à côté d'elle. Dans les grandes villes, il n'en sera pas ainsi; mais le Gouvernement, se réservant le privilége de décerner les diplômes aux instituteurs, les refusera à tous ceux qui ne lui conviendront pas. Il pourra, du reste, par ses inspecteurs, leur imposer les méthodes et les programmes qu'il voudra, et pour achever cette œuvre de liberté, on proscrira, on expulsera en masse tous les instituteurs congréganistes.

Ainsi, il n'y aura plus en réalité qu'une seule et même école dirigée, réglée par l'État et gérée par des instituteurs salariés par lui ou tout au moins placés sous sa dépendance; et les parents seront obligés d'y envoyer leurs enfants.

Que deviendra dès lors l'autorité paternelle?

N'est-il pas manifestement démontré qu'elle sera complétement supprimée?

Comprend-on la situation dans laquelle une loi pareille placera le père de famille? Voici un paysan, par exemple, à qui le commissaire de police dira : Il faut que tu envoies ton fils à l'école. — Je le ferais volontiers, répondra-t-il, mais je n'ai pas confiance dans l'instituteur qui a été nommé, je ne le considère pas comme un honnête homme, et je crains que, sous prétexte d'instruire mon enfant, il ne le pervertisse.

N'importe, lui répondra-t-on, la loi n'entre pas dans ces considérations secondaires; l'instruction est obligatoire, obéis donc, sinon tu seras condamné à la prison et l'on viendra prendre ton fils chez toi et le mener de force à cette école dont tu ne veux pas.

Assurément, parmi les instituteurs, il y en aura beaucoup de parfaitement honorables, mais leur nombre décroîtra chaque jour; ce ne seront pas en effet les pères de famille qui les désigneront, ce sera le Gouvernement.

Or, le Gouvernement sera la représentation de la majorité dont il sera issu, triste majorité comme on l'a déjà vu. L'instituteur sera sa créature; pour faire son chemin, il devra épouser toutes ses passions, devenir le complice de toutes ses manœuvres, déserter les églises et hanter les cabarets.

Les radicaux, du reste, ont soin de nous faire connaître dès aujourd'hui quel sera l'enseignement qui sera donné aux enfants dans les écoles primaires qu'ils établiront.

L'instruction, disent-ils, devra être laïque, et par cette expression ils entendent non-seulement que les instituteurs ne devront appartenir à aucune congrégation religieuse, mais encore que tout enseignement religieux sera banni de l'école et que le nom de Dieu n'y sera même pas prononcé.

Ils prétendent que cette règle de conduite leur est imposée par la nécessité où ils se trouvent de ne pas violenter la conscience des enfants et celle des pères de famille; prétexte misérable, car rien n'empêche de créer des écoles spéciales pour les protestants et pour les juifs, et d'élever tous les enfants dans leurs religions respectives. On ajoute, il est vrai, qu'il est préférable de laisser aux parents la faculté de donner ou de faire donner par les ministres des cultes à leurs enfants cette instruction particulière.

C'est encore là une habile défaite, car on sait bien que le père ou la mère, absorbés par leur travail journalier et qui n'ont que trop oublié les leçons qu'ils ont reçues dans leurs jeunes années, ne pourront pas communiquer à leurs enfants une science qu'ils ne possèdent plus.

Quant aux ministres des cultes, comme l'intention des radicaux est de les supprimer, on ne voit guère comment ils pourront, lorsqu'ils auront cessé d'exister, remplir cette mission.

Quoi qu'il en soit, dans l'école communale où les enfants passeront toutes leurs jeunes années, on leur enseignera la grammaire, la géographie, l'histoire, les mathématiques, tout, en un mot, excepté les vérités religieuses, et les principes de morale qui en découlent.

Sans religion, en effet, il n'y a pas de morale; si l'âme humaine n'existe pas, l'homme n'est qu'une machine tout aussi irresponsable de ses actes qu'une locomotive de ses mouvements.

S'il n'y a pas de Dieu, il n'y a pas de justice, et l'homme n'a aucune obligation vis-à-vis de ses semblables, qui, étant ses égaux, ne peuvent avoir sur lui d'autorité légitime.

Les préceptes du Décalogue cessent d'être une loi sublime et divine hors de laquelle il n'y a de salut ni pour les sociétés, ni pour les individus, et ne sont plus qu'une conception humaine que chacun a le droit d'accepter ou de repousser.

Il n'y a plus au monde qu'une seule puissance devant laquelle chacun doive s'incliner, la force, la force brutale, s'exprimant soit par la loi du nombre, soit par le poids d'une épée victorieuse.

Le caprice de la multitude ou un ordre de César, voilà donc le seul fondement de la morale sans Dieu ; et si demain le suffrage universel se prononçait en faveur de la communauté des femmes, les défenseurs de la sainteté du mariage seraient des factieux et des ennemis de la morale publique.

Élever des enfants sans religion, c'est donc les élever sans leur apprendre qu'il ne faut ni être adultère, ni mentir, ni tuer, ni voler; ou si pourtant, par un reste de pudeur, on leur enseigne cela, comme ces préceptes ne reposeront sur aucune base solide, ils seront sûrement emportés au premier souffle des passions.

Mais ce n'est point encore assez; non-seulement on ne leur parlera ni de Dieu, ni du Christ, ni de la religion, mais, en fait, on leur apprendra que Dieu n'existe pas, que le Christ, par conséquent, n'était point le Fils de Dieu et Dieu lui-même, et que la religion n'est qu'un tissu de mensonges et de superstitions.

Il est bien évident, en effet, que Dieu tient trop

de place dans le monde pour qu'on puisse ainsi l'escamoter dans un sophisme. L'enfant le plus borné sera naturellement amené à poser à son précepteur cette question élémentaire : Qui a créé le ciel et la terre? Et alors que fera celui-ci? il faudra bien qu'il réponde. Et puis, dès les premiers pas que l'on fera dans le domaine de l'histoire, on rencontrera la Bible, et l'enfant demandera à son maître : Est-ce que tous ces beaux récits sont exacts? est-il vrai que Dieu ait parlé à Moïse sur le mont Sinaï? est-il vrai qu'il ait transmis à son peuple ses ordres et ses conseils par la voix de ses Rois et de ses Prophètes? Puis l'enfant étonné s'arrêtera devant la grande figure du Christ, et il voudra savoir si Jésus de Nazareth était vraiment le Fils de Dieu ou bien s'il ne fut qu'un misérable imposteur; si l'admirable doctrine contenue dans ses Évangiles est une loi divine ou simplement une conception humaine; si, en effet, pendant son passage sur la terre, le Christ a guéri les malades et ressuscité les morts; si enfin il est véritablement ressuscifé lui-même trois jours après avoir été enfermé dans le tombeau.

Puis viendront les siècles héroïques du Christianisme, et l'enfant verra apparaître devant lui ces Apôtres, ces Docteurs, ces jeunes filles consacrant leur vie à proclamer la divinité du Christ et à répandre sa doctrine et souffrant le martyre pour affirmer leur foi.

Rempli d'étonnement, il verra le colosse romain s'effondrer sous le poids de ses crimes, de ses instincts matérialistes et de ses mœurs païennes, et du sein de ses ruines surgir une société nouvelle, vivifiée par le souffle de l'Évangile, et qui élèvera l'humanité et les peuples à des hauteurs morales que l'antiquité n'avait même pas entrevues. Il verra les pauvres secourus, aimés et consolés, les esclaves affranchis; il contemplera assis sur leur trône Charlemagne et saint Louis; dans leurs chaires de docteurs, saint Thomas d'Aquin, saint Bernard; confondus avec le peuple qu'ils éclairent et moralisent, saint François d'Assise et saint Roch; à la tête des armées, Bayard et Jeanne d'Arc.

Que dira l'instituteur à ses élèves en présence de ces faits palpables et saisissants? Il faudra bien qu'il affirme ou qu'il nie, qu'il raconte l'histoire telle qu'elle résulte de traditions incontestables ou qu'il la dénature.

Ce que l'on fera, chacun le sait; sous prétexte de science, on niera tout. On emploiera peut-être des formules plus ou moins hypocrites, mais, au fond, la négation sera incessante et implacable. On prétendra que rien ne démontre l'existence de Dieu, et, partant de là, on raisonnera constamment comme s'il était démontré que Dieu n'existe pas; on niera les miracles qui fourmillent à chaque page de l'histoire du peuple juif; on niera la divinité du

Christ et tous les prodiges qui la démontrent, et, à plus forte raison, sa résurrection triomphante.

On dénaturera l'histoire des premiers siècles du christianisme et l'on transformera, au besoin, les apôtres, les saints pères et les martyrs en radicaux et en communards.

Voilà ce que l'on fera.

De telle sorte que, non-seulement on refusera à ces pauvres enfants l'enseignement religieux auquel ils ont droit, mais encore on arrachera un à un de leur intelligence tous les enseignements que leur mère avait pu y déposer, on éteindra une à une dans leur cœur toutes les aspirations généreuses qu'elle avait pu y éveiller.

Car, en définitive, si les dogmes chrétiens ne sont qu'une fable, la morale chrétienne n'est qu'une chimère, et si le Christ n'a été qu'un imposteur, la loi qu'il nous a laissée dans son Évangile ne peut obliger personne.

On assure, il est vrai, que l'on donnera dans les écoles des leçons de morale. Mais de quelle morale? De la morale des musulmans ou de celle des Hindous? de celle des Mormons ou de celle des pantogames? ou bien simplement de celle des hommes du monde, qui trouvent qu'il est bon de tuer son voisin pour la plus légère offense, pourvu que la chose se fasse en présence de quatre témoins; que l'adultère est une peccadille fort bien portée, et que le vol n'est pas absolument interdit, pourvu qu'il ait lieu à la Bourse et que la police n'ait rien à y voir?

La moralité de l'école sera, en résumé, selon la pittoresque expression des philosophes du jour, la morale indépendante, c'est-à-dire une morale que chacun pourra fabriquer à sa guise et modifier à sa fantaisie, selon le caprice du jour ou les nécessités du moment.

Et maintenant reportons-nous aux principes que nous avons posés; nous avons vu que le père de famille était tenu, avant tout, d'inculquer à ses enfants les vérités religieuses et morales qui leur sont nécessaires pour devenir des hommes honnêtes; qu'il devait faire plus encore : qu'il devait former leur cœur à la pratique des vertus qui en découlent, et que manquer à ce devoir était un crime véritable; que, s'il ne pouvait le faire par lui-même, il devait en charger un maître, qu'il avait le droit de choisir; nous avons vu que ce n'était qu'en seconde ligne qu'il devait leur assurer le bénéfice des connaissances simplement utiles.

Or, que font les radicaux? Ils veulent enlever au père ses enfants et les enfermer dans des écoles dont ils auront la direction, et, là, ils renverseront le programme, ils substitueront l'instruction à l'éducation; on y apprendra à lire et à écrire, mais on y désapprendra la religion et la morale.

En résumé, le but poursuivi est celui-ci :

Corrompre les enfants sous prétexte de les instruire.

Et, en effet, c'est bien ce que l'on cherche et ce que l'on veut.

Les révolutionnaires, dans leur lutte obstinée contre le vrai, le beau et le bien, recrutent un à un les complices de leurs haines.

Ils s'adressent de préférence au peuple parce que, étant sans défense, il est plus facile à séduire.

Ils s'attaquent donc au paysan, à l'ouvrier; ils font les ténèbres dans son esprit, ils allument dans son cœur les plus tristes passions, puis, quand ils l'ont corrompu, ils le poussent à l'émeute ou au scrutin.

Or, quelque perverti qu'il puisse être, il y a une heure où ce malheureux leur échappe, c'est lorsqu'il s'agit pour lui de l'éducation de ses enfants. Alors ces trésors d'amour et de tendresse qui existent dans son cœur réveillent sa conscience endormie. En face du regard limpide et innocent de son fils ou de sa fille, il voit avec horreur la profondeur de l'abîme où il a été entraîné et il veut à tout prix épargner à ceux qu'il aime plus que lui-même une pareille déchéance, une si poignante douleur; et puis la mère est là qui prie et qui pleure; la cause de Dieu, c'est-à-dire la cause du bien, l'emporte donc au foyer domestique, et l'on confie les enfants à des maîtres vertueux.

L'enfant entend ainsi de bons conseils, il reçoit de bons exemples, il devient un honnête homme, bien décidé à gagner sa vie par son travail, à améliorer son sort par l'ordre et l'économie. Il faut donc que la révolution recommence pour lui l'œuvre entreprise autrefois pour le père et qu'elle déploie tous ses artifices pour le saisir à son tour.

C'est donc un nouveau travail à chaque génération. Les radicaux en sont fatigués, et c'est pour cela qu'ils veulent tenir les enfants pendant toute leur jeunesse dans des écoles sans morale et sans Dieu afin qu'ils arrivent tout pervertis à l'âge où l'on vote et qu'ils leur appartiennent sans retour; tout comme les oiseleurs aveuglent dès leur naissance les petits rossignols afin que, ne voyant pas la lumière, ils s'accoutument à leur esclavage[1].

Et c'est au nom de la liberté que l'on ose demander ces choses; c'est au nom de la liberté que la révolution ose violenter la conscience du père de famille et qu'elle lui crie : Ce n'est pas toi qui élèveras ton enfant, car je me charge de ce soin. Tu

[1] M. de Lacretelle a déjà déposé à la Chambre une proposition pour l'établissement de l'instruction gratuite, laïque et obligatoire. Il va sans dire que dans ce projet les instituteurs congréganistes sont supprimés. On donnera aux enfants des notions générales sur l'existence de Dieu, l'immortalité de l'âme, etc. Mais on sait que toute la presse radicale a protesté contre ces tendances spiritualistes, et a saisi avec empressement cette occasion d'affirmer une fois de plus son véritable programme, *l'école athée*.

voudrais le rendre meilleur et, par conséquent, moins malheureux que toi; eh bien, de peur que tu n'y réussisses, je te l'enlèverai pour te le rendre aussi incroyant, aussi dépourvu de sens moral que cela me sera possible.

Nous en avons fini avec l'école gratuite, obligatoire et laïque. Arrivons à la séparation de l'Église et de l'État.

DE LA SÉPARATION DE L'ÉGLISE ET DE L'ÉTAT.

L'Église et l'État, nous dit-on, ont chacun en vue des intérêts différents et absolument distincts.

L'Église ne s'occupe que des intérêts spirituels de ses fidèles, l'État du bien-être matériel de ses sujets; laissons donc ces deux grandes institutions se mouvoir chacune dans sa sphère.

L'État, en ce qui le concerne, n'a ni à protéger, ni à opprimer l'Église; il doit seulement veiller à ce qu'elle n'empiète pas sur ses attributions, et à maintenir énergiquement son indépendance.

Cette théorie, comme toutes celles que nous avons rencontrées jusqu'à cette heure sur notre route, est, en apparence, bien inoffensive.

Bien qu'au point de vue théorique il ne soit pas exact de soutenir que l'État ne doive pas protéger l'Église; car, en définitive, l'État protége toutes les grandes institutions existant dans son sein, il protége la magistrature, le barreau, les médecins, les compagnies financières; on se demande pourquoi il refuserait à l'Église l'appui dont elle aurait besoin pour la défense de ses droits.

Mais cette réserve faite, disons qu'après tout, en

fait, les catholiques accepteraient très-bien de n'être pas protégés; seulement ce n'est pas de cela qu'il s'agit, et cette troisième formule est menteuse comme les autres; ce que l'on veut, en effet, c'est spolier et opprimer l'Église.

Quelle doit être, en effet, d'après les radicaux, la première conséquence de la séparation de l'Église et de l'État? C'est la suppression du budget des cultes.

Or, le budget des cultes n'est autre chose qu'une rente servie au clergé, en échange des biens qui lui appartenaient et qui ont été saisis par la nation en 1790; le supprimer, c'est donc voler purement et simplement l'Église, tout comme on volerait les particuliers si demain le gouvernement refusait de payer les arrérages des divers emprunts publics.

Mais après avoir dépouillé l'Église, lui donnera-t-on du moins la faculté d'acquérir des propriétés qui, dans un avenir donné, lui permettent de se suffire? Pas le moins du monde; la seule idée du rétablissement des biens de mainmorte exaspère les révolutionnaires.

D'autre part, on prétend réserver aux bureaux de bienfaisance le droit de faire des quêtes à domicile; cette dernière ressource serait donc encore enlevée aux prêtres.

Ainsi, on supprimerait le traitement au clergé, on interdirait aux églises le droit d'acquérir, on leur défendrait de quêter ; n'est-il pas évident qu'on se trouve en présence d'un plan concerté pour faire périr le catholicisme par la famine?

Mais ce n'est pas encore assez; en vertu de ce même principe de la séparation de l'Église et de l'État, l'exemption du service militaire, accordée actuellement aux ecclésiastiques, sera supprimée; ils devront passer trois ou cinq ans sous les drapeaux, et jusqu'à l'âge de quarante ans, les vicaires et les curés devront toutes les années quitter leurs paroisses pour aller assister aux manœuvres et aux exercices de la réserve et de l'armée territoriale.

Puis, pour couronner ce chef-d'œuvre de justice et de bon sens, toutes les manifestations extérieures du culte seront interdites; on pourra proférer en plein jour, jeter aux oreilles des jeunes filles les blasphèmes les plus orduriers, mais on ne pourra plus chanter dans les rues les louanges de Dieu, et la police empêchera les processions.

Cette tyrannie nous suivra jusque dans la tombe, et sans s'arrêter aux protestations indignées des familles, on étendra pêle-mêle dans la même fosse les libres penseurs et les catholiques.

Les cloches elles-mêmes seront réduites au silence et ne pourront plus annoncer au loin nos craintes ou nos espérances, nos joies ou nos douleurs, et porter à Dieu nos cris d'alarme ou nos actions de grâces.

Enfin, toujours au nom de la liberté, on supprimera les ordres religieux et l'on expulsera du territoire tous les hommes et toutes les femmes qui ont commis le crime de se vouer à l'éducation de la jeunesse ou au soulagement de toutes les misères morales et physiques de l'humanité.

Et cela se comprend, car leur attitude est essentiellement antiradicale et antidémocratique. Pour soulager les malheureux, ils donnent tout ce qu'ils possèdent, et quand ils n'ont plus rien, ils se donnent eux-mêmes.

Une pareille conduite n'est-elle pas une critique sanglante de celle des meneurs révolutionnaires qui font métier d'exploiter la misère du pauvre pour s'enrichir et s'élever ?

Ainsi, spoliation et persécution, voilà, en définitive, ce qui se cache sous cette fameuse formule de la séparation de l'Église et de l'État.

Là encore l'objectif des radicaux, c'est la négation totale et absolue. L'État doit être athée comme l'école. Ce qui ne s'est jamais vu depuis que le monde existe, un peuple sans croyances aucunes et sans loi morale positive, tel est leur idéal politique et religieux. Or, qu'on le veuille ou non, un pareil état social nous ramènerait infailliblement à la barbarie. L'homme qui ne croit plus à Dieu ne croit plus qu'à la matière. Le luxe, le plaisir, les jouissances sensibles, voilà les seuls objets sur lesquels s'exerce son intelligence et qui puissent faire battre son cœur. Le patriotisme, l'honneur et le devoir ne sont plus que des mots vides de sens. Avoir de l'argent et s'enivrer de voluptés, tel est le seul but de la vie humaine, et pour y arriver, tous les moyens sont bons. Réussir, tout est là, et la morale n'existant pas, la force et la ruse deviennent les reines du monde. A ce compte, notre malheureux pays deviendrait un champ clos où tous les citoyens, luttant les uns contre les autres, se disputeraient par la violence et la fourberie quelques poignées d'or et d'argent, où le frère ne connaîtrait plus son frère, où le fils insulterait son père, où les femmes méprisées et journellement outragées en seraient réduites à envier la sécurité relative que les odalisques de l'Orient trouvent dans leur esclavage. Voilà, en définitive, ce que c'est que l'État sans Dieu, et il ne peut pas être autre chose. Robespierre lui-même l'avait compris.

L'AUTONOMIE DES COMMUNES.

La commune doit être libre, disent les radicaux; elle doit pouvoir choisir ses conseillers municipaux et son maire, et quand ses mandataires ont pris une décision, l'autorité supérieure n'a pas à la contrôler, elle n'a le droit ni de la ratifier, ni de l'annuler.

La question des libertés communales est trop étendue pour qu'on puisse avoir la prétention de la traiter complétement dans ces quelques pages; qu'il suffise de dire que presque tous les esprits sages sont d'accord sur ce point que la commune doit être autant que possible affranchie des entraves administratives qui l'enserrent de toutes parts; mais ces réformes devront être opérées dans des temps calmes et tranquilles, et l'on devra toujours avoir soin d'éviter que sous prétexte d'affranchir les communes, on ne condamne leurs habitants à une tyrannie d'autant plus redoutable qu'elle sera plus rapprochée, et qu'on n'expose à un déplorable naufrage cette admirable unité française, qui a coûté à nos pères de si longs et de si persévérants efforts.

Or, si les radicaux réclament l'autonomie de la commune, c'est d'abord pour pouvoir serrer de plus près leurs adversaires; secondement, pour s'affranchir en tout et pour tout de l'autorité du pouvoir central.

Avoir des députés et des sénateurs radicaux, c'est sans doute quelque chose; mais, en définitive, à quoi cela avance-t-il ceux qui n'ont pas été assez heureux pour se faire élire?

Ce qu'il faut pour contenter tous les meneurs subalternes, c'est leur donner un pouvoir complet et absolu dans leurs communes respectives. Il faut que partout où se trouvera une majorité radicale, on puisse établir une convention au petit pied, unissant au pouvoir législatif le pouvoir exécutif, et régnant en souveraine maîtresse sur tous les habitants.

Pour cela, deux choses sont nécessaires : 1° que les maires soient nommés par les conseils municipaux, et soient par conséquence sous leur dépendance absolue; 2° que l'autorité supérieure n'ait aucun droit de contrôle sur les décisions prises par ces assemblées.

Par autonomie de la commune, en effet, les radicaux entendent non-seulement que les municipalités devront être débarrassées de quelques formalités gênantes, ils veulent une indépendance complète et absolue, et par-dessus tout la latitude la plus entière de gérer les finances et de diriger l'instruction publique comme bon leur semblera.

Ce point du programme est celui à la réalisation duquel on attache le plus de prix, car le pouvoir central, quelque détestable que soit son origine, est naturellement toujours porté à réagir contre les passions et les rancunes locales auxquelles il demeure étranger, et est facilement enclin au modérantisme.

Or, si l'on suppose que l'impôt sur le revenu soit adopté, que l'instruction gratuite, obligatoire et laïque ait été admise, la majorité radicale de chaque commune représentée par son conseil municipal pourrait ainsi sans contrôle et sans appel disposer de toutes les ressources communales, de toutes les fortunes particulières, et diriger l'éducation des enfants comme elle l'entendrait.

Quant aux communes où la majorité appartiendrait à ces misérables réactionnaires, le gouvernement serait sommé d'aviser et de choisir au sein de la minorité courageuse, qui se dévouerait au triomphe des grands principes, une commission municipale qui se chargerait de régénérer le peuple.

Lors donc qu'on réclame l'autonomie de la commune, ce n'est point par amour de la liberté, c'est uniquement pour que chaque meneur puisse avoir sa part d'autorité; et pour que, lorsque le grand jour du triomphe sera venu, tous ceux qui auront combattu le bon combat puissent s'asseoir aux agapes fraternelles, et se servir eux-mêmes le mieux qu'ils pourront.

Il est inutile de faire remarquer à quel point cette indépendance des municipalités relâcherait le lien de l'unité nationale.

Les tentatives faites en 1871 pour l'établissement de la ligue du Midi, qui a été si près d'aboutir, montrent assez le danger que font courir à la France ces théories funestes.

Enfin nous arrivons à l'amnistie.

L'AMNISTIE.

L'amnistie n'est et ne peut être qu'une mesure transitoire.

Les radicaux, du moins les plus habiles d'entre eux, la demandent comme un acte de clémence; mais l'intérêt qui s'attache à la solution de cette question est autrement considérable. Une chose à remarquer, en effet, c'est que le programme que défendent à l'heure actuelle les révolutionnaires est purement et simplement le programme de la Commune :

Autonomie des communes;

Instruction obligatoire et athée;

Remplacement des impôts existants par un impôt proportionnel sur le revenu;

Séparation de l'Église et de l'État.

Il y a similitude absolue et complète.

Or les hommes qui ont soutenu ces doctrines les armes à la main ont été condamnés par les conseils de guerre; évidemment, pour tous ceux qui partagent ces idées, ce sont des vaincus et non des criminels.

On admettra, au besoin, qu'ils ont commis une

faute en revendiquant de vive force ce qu'ils devaient obtenir par le suffrage universel, mais il n'en est pas moins vrai qu'ils soutenaient contre l'Assemblée de Versailles les droits du peuple et les vrais principes; ils ont donc souffert, ils souffrent encore pour la vérité.

Quoi qu'ils aient pu faire, quelque grande que soit la faute qu'ils ont commise en engageant une guerre civile, leur bonne foi, leur amour de la justice les excuse; ils se sont trompés d'heure et de moyens, voilà tout; mais, au fond, ils avaient raison, et c'étaient Versailles et l'armée qui avaient tort.

Il faut donc qu'une amnistie générale leur rouvre les portes de la patrie pour qu'ils puissent venir assister au triomphe de leurs idées.

En un mot, aux yeux des radicaux, l'amnistie est nécessaire, parce qu'elle implique la réhabilitation de la Commune, la condamnation de l'Assemblée de Versailles et de l'armée régulière, et la consécration du programme révolutionnaire.

ENSEMBLE DU PROGRAMME RADICAL.

Nous avons examiné successivement tous les points du programme radical; jetons maintenant un regard sur l'ensemble et demandons-nous quelles sont les conséquences que produirait sa réalisation.

Dans chaque commune, tous les pouvoirs sont concentrés au sein des conseils municipaux ou de commissions municipales révolutionnaires. L'Assemblée ou les Assemblées législatives, composées de députés qui doivent leur nomination aux meneurs de ces petites républiques et qui ont besoin de leur concours pour assurer leur réélection, sont obligées de subir tous leurs caprices. Le pouvoir exécutif lui-même, soumis aux volontés des Assemblées législatives, est impuissant à réagir.

L'impôt sur le revenu met dans les mains de cette nuée de despotes tous les capitaux, toutes les fortunes.

Les enfants, enlevés à leurs familles, sont confiés à des instituteurs libres penseurs, obligés, du reste, de subir la loi des municipalités.

Les églises sont fermées, le clergé dispersé et le

peuple privé de tout enseignement religieux, de toute direction morale.

Les déportés de la Commune, rentrés en France, recueillent le bénéfice de leurs luttes et de leur exil.

En même temps le commerce s'arrête, les usines se ferment, la propriété foncière, qui ne peut échapper aux exactions des percepteurs de l'impôt unique, est dépréciée dans une proportion énorme.

Les capitaux émigrent en masse; l'impôt devient absolument irrecouvrable; les journaliers sont tous sans ouvrage; une misère affreuse, épouvantable désole le pays.

A cette heure, les révolutionnaires qui détiennent le pouvoir vont-ils reconnaître leurs erreurs, avouer leurs fautes et faire appel aux conservateurs pour remonter le courant? Non; ils se cramponnent aux situations dont ils se sont emparés. A les entendre, tous ces désastres, tous ces malheurs seront le fait des complots réactionnaires, tout comme en 1871 les défaites de nos armées étaient attribuées aux trahisons des officiers.

C'est alors que la révolution deviendra vraiment terrible, parce qu'elle sera affamée, et Dieu sait à quels excès pourront être entraînées les masses populaires manquant de pain et enivrées de calomnies.

Une situation pareille ne peut durer longtemps,

mais en quelques mois elle peut amonceler bien des ruines. Qu'arriverait-il, du reste, si un ennemi puissant profitait de cette heure de dislocation et de décomposition pour envahir la France? La défense serait-elle possible? Et nos discordes civiles ne viendraient-elles pas expirer sous la main de fer d'un impitoyable vainqueur et dans une commune servitude?

Le programme des radicaux nous est maintenant parfaitement connu; il nous reste à nous demander s'ils ont des chances sérieuses de le faire aboutir et d'amener ainsi cette crise formidable que tout le monde redoute et qui peut être mortelle à l'existence même de la France.

TACTIQUE DES RADICAUX.

Il est évident, tout d'abord, que les Chambres actuelles, quels que soient les choix qui ont été faits, reculeront toujours devant un pareil ensemble de mesures révolutionnaires, et, alors même qu'elles se lanceraient dans cette voie, le Président de la République ne les y suivrait pas. Mais les radicaux ont acquis une grande et belle science, ils savent attendre, et, s'il le faut, ils ajourneront jusqu'en novembre 1880 la réalisation de leurs espérances; ils savent que leur triomphe sera d'autant plus complet qu'il aura été plus patiemment attendu.

Voyons donc quelle est la tactique qu'ils ont adoptée, les moyens d'action dont ils disposent et les obstacles qu'ils auront à surmonter.

Le parti radical n'est pas autre chose que l'ancien parti jacobin, le parti des journées de juin en 1848 et de la Commune en 1871.

Le but poursuivi est toujours le même; déjà en 1793 il expulsait et supprimait le clergé, s'emparait de l'éducation des enfants, auxquels, en guise de catéchisme, on apprenait la *Marseillaise* et le *Ça ira,* et expropriait tous les grands propriétaires.

Il n'y a qu'un point sur lequel on remarque une divergence, c'est en ce qui concerne l'autonomie des communes, et cette divergence est tout en faveur des jacobins, car ceux-ci, en maintenant l'autorité de la Convention, ont conservé et affermi même l'unité nationale, que compromettent les théories de nos radicaux; à part ce point, la ressemblance est complète.

Et si l'on s'étonne de cette filiation, de cette vitalité, nous répondrons que le principe morbide se transmet de génération en génération dans les sociétés, comme il se transmet de père en fils chez les individus.

Le parti révolutionnaire est de sa nature autoritaire et oppressif, et, s'il parle de liberté, c'est exclusivement pour en bénéficier seul et s'en servir pour écraser un jour ses adversaires.

Aussi un de ses axiomes était-il autrefois le droit à l'insurrection; ces idées se sont modifiées, car à l'heure actuelle, il n'y a qu'à se servir habilement du suffrage universel, pour atteindre sans péril le but si ardemment désiré. Aussi, le lendemain même de la défaite de la Commune, le parti qui avait été écrasé, mais qui n'avait pas abdiqué, s'est mis immédiatement à l'œuvre.

Conquérir la majorité, voilà ce qu'il lui fallait, et c'est à cette tâche qu'il consacre sa patiente, son infatigable énergie.

Il a donc adopté la tactique suivante :

Premièrement, il a formulé un programme conçu en termes vagues, de manière à pouvoir montrer à ses adeptes que le but à atteindre est toujours le même, et d'autre part rassurer des alliés pusillanimes en désavouant toute espèce de desseins violents.

Secondement, s'organiser fortement dans toutes les communes, s'emparer à tout prix des municipalités et remonter ensuite de la commune au département et du département à l'État.

Troisièmement, exercer sur les Assemblées et sur le gouvernement une pression aussi énergique que possible pour obtenir la nomination de fonctionnaires qui, loin de le combattre, secondent ses efforts.

Quatrièmement, enfin, à l'aide de cette complicité, battre en brèche tous les grands principes, déconsidérer dans le pays toutes les autorités sociales, et donner à ses comités une puissance irrésistible.

C'est par ces moyens que les radicaux espèrent acquérir sur la masse des électeurs une influence prépondérante, et par la loi brutale du nombre arriver sans luttes violentes à un triomphe définitif.

Revenons, en quelques mots, sur chacun de ces objets. Quant au programme, nous n'avons plus à nous en occuper, il nous est suffisamment connu. Arrivons tout de suite à l'organisation des radicaux dans les communes et dans les départements.

Ce qui a causé l'échec de l'insurrection de la Commune de Paris, c'est qu'elle n'a pas trouvé d'écho en province; elle n'y a pas été soutenue.

Lorsque au lendemain de la défaite, il a fallu songer à réorganiser le parti, l'attention de ses chefs s'est immédiatement portée de ce côté; en conséquence, dans chaque commune, on a constitué des comités chargés d'y propager et d'y représenter la cause révolutionnaire.

Mais comme ces comités ruraux auraient pu être enclins au modérantisme, on a eu soin de les placer autant que possible sous la dépendance directe des comités formés dans les grandes villes, et cela n'était pas difficile, ces derniers ayant pour eux le nombre, l'argent et l'intelligence.

Or, tandis que les conservateurs, cédant à leur apathie habituelle, s'endormaient sur leurs lauriers, ces comités, habilement dirigés et énergiquement soutenus, se livraient de toutes parts à une œuvre souterraine de démolition. Il n'est pas de manœuvres qu'ils n'aient employées contre les institutions qu'ils voulaient détruire, contre les hommes qu'ils voulaient déconsidérer.

Aussi, lorsque vinrent les élections municipales, ils furent victorieux dans un grand nombre de communes; il en fut de même pour les élections au conseil général, et enfin, dans les élections partielles, leurs progrès s'accentuèrent chaque jour avec plus de netteté.

Enfin, le 20 février et le 5 mars 1876, ils ont mis en pleine déroute le parti conservateur sous toutes ses formes.

Il faut toutefois reconnaître que tous les députés des gauches ne sont pas des radicaux. Cela est vrai, et pourtant on peut affirmer que la nomination de la plupart d'entre eux, depuis ceux qui siégent au centre gauche jusqu'aux membres de l'Union républicaine, a été une victoire pour la cause révolutionnaire.

Et comment cela? Parce que la plupart du temps ces candidatures ont été provoquées et soutenues par les radicaux.

Ceux-ci, qu'on ne l'oublie pas, sont excessivement habiles, et, par leurs comités, ils sont on ne peut plus exactement renseignés.

Ils ont donc passé en revue toutes les circonscriptions électorales; partout où ils ont vu qu'un des leurs avait chance d'arriver, ils l'ont mis en avant, ils ont fièrement arboré leur drapeau, affiché leur programme, et ils ont impitoyablement écarté tout candidat soupçonné de modérantisme.

Mais là où ils ont compris qu'ils seraient en minorité, ils se sont montrés plus modestes et se sont appliqués exclusivement à faire échec au candidat conservateur. Pour cela ils se sont adressés à ce tiers parti qui a joué dans nos luttes politiques un rôle si déplorable, et ils ont jeté en avant un libéral quelconque, et par ce mot *libéral* il faut entendre non pas un ami de la liberté véritable, mais un de ces hommes qui font consister la liberté dans une aversion profonde pour la religion et pour toutes les traditions nationales, et qui de tout le programme conservateur n'acceptent qu'un article : le respect de la propriété.

Cette race d'hommes est malheureusement nombreuse parmi nous, et le parti radical trouve dans cette alliance l'appoint qui lui est nécessaire pour faire échec aux conservateurs. Du reste, on a soin, en général, de choisir comme candidat un voltairien riche et bien posé; son nom rassure donc les intérêts alarmés, et les calomnies répandues contre les hommes d'ordre par des gens qui traînent équipage obtiennent plus de confiance et font plus aisément leur chemin.

Par cette manœuvre, les radicaux obtiennent un double avantage. D'abord ils écartent un adversaire résolu, ensuite ils acquièrent un allié d'autant plus sûr et d'autant plus dévoué qu'il se sent placé sous leur dépendance. C'est en ce sens que l'élection de chaque député des gauches a été une victoire pour le radicalisme. Il n'y a d'exception que pour les circonscriptions où le candidat modéré a été élu contre un radical; mais que l'on examine attentivement les résultats obtenus, et l'on verra que ce sont des cas excessivement rares.

Voyons maintenant comment les révolutionnaires entendent profiter du succès qu'ils ont obtenu. Les radicaux savent à merveille qu'ils ne peuvent pas attendre de la Chambre actuelle la réalisation de leur programme. En effet, la majorité actuelle s'accorde sur plusieurs points, mais sur d'autres elle est forcément divisée.

Ainsi, la majorité est évidemment hostile au catholicisme, elle est animée d'une haine violente contre le régime monarchique, elle penche à attribuer à l'État un rôle prépondérant dans la direction de l'éducation de l'enfance.

Pourtant il est probable que des défections nombreuses se produiraient dans ses rangs, le jour où l'on en viendrait à des mesures de persécution ouverte contre la religion, et où l'on voudrait organiser l'école laïque, c'est-à-dire athée.

Enfin toute attaque directe contre la propriété et contre le capital se heurterait à une résistance invincible. Aussi, les radicaux n'attaqueront pas de front ces obstacles; ils se contenteront d'obtenir des pouvoirs actuels toutes les concessions qu'ils pourront leur arracher; ils poursuivront, grâce à leur complicité, l'œuvre qu'ils ont entreprise en province, et ils enrégimenteront les électeurs. De cette manière, aux élections suivantes, ils n'auront plus besoin d'alliance. Pour être élu, il faudra absolument accepter leur programme en totalité et se soumettre au mandat impératif.

Et pour cela que leur faut-il? D'abord et avant tout, que l'on rende la nomination des maires aux conseils municipaux.

En second lieu, qu'on choisisse partout des fonctionnaires à leur convenance.

Troisièmement, que la plus grande liberté soit laissée à la presse et à la diffusion des doctrines politiques et sociales.

Enfin (mais ce point-là est déjà vidé), la levée de l'état de siége.

La nomination des maires par les conseils municipaux est pour les radicaux un point capital. Le maire, en effet, représente dans la commune le pouvoir exécutif; ses attributions sont fort étendues. Il préside le conseil municipal, il reçoit les actes de l'état civil, il a la police municipale sous ses ordres. Or, lorsque le maire n'est pas radical, il gêne singulièrement les comités; ceux-ci se sentent surveillés et n'osent pas agir avec la même activité. De plus, le principal enjeu des luttes municipales est supprimé.

On combat à outrance pour faire arriver un conseil radical, on réussit, et c'est tout comme si l'on n'avait rien obtenu. On a le pouvoir législatif, il est vrai; mais quoi de plus dérisoire que le pouvoir législatif dans une commune rurale? il se borne au vote d'un budget mesquin et qui, du reste, est encore le plus souvent remanié par le préfet. Mais le maire reste, il continue à présider le conseil, il l'arrête dans tous ses écarts, a sous ses ordres le garde champêtre, le garde forestier et le sergent de ville, et, somme toute, il demeure, toujours et quand même, la première autorité de la commune.

On comprend que les radicaux qui, dans la plupart des villages, sont sûrs de la majorité, tiennent à s'en assurer le bénéfice et à avoir un maire qui les serve au lieu d'un maire qui les surveille et qui les combatte.

Lorsque, en effet, le comité radical pourra mettre sa propagande révolutionnaire sous le couvert de la première autorité locale, on comprend à quel point cette situation facilitera sa tâche.

Mais au-dessus du maire, il y a le sous-préfet et le préfet; certes il y a mille moyens de tromper leur surveillance et de méconnaître leur autorité; les maires élus qui étaient en fonction avant le 24 mai l'ont bien prouvé; mais, malgré cela, le mauvais esprit de ces fonctionnaires peut rendre la situation difficile; il importe donc d'écarter tous ceux qui, à un degré quelconque, sont imbus des traditions monarchiques et réactionnaires, et ne nommer que des administrateurs décidés à laisser aux comités, aux conseils municipaux et aux maires radicaux la plus grande latitude et à les seconder au besoin.

Enfin la presse est un moyen de propagande des plus efficaces ; il est donc de la plus haute importance de voir tomber toutes les entraves qui arrêtent son essor. Il faut pouvoir en toute liberté attaquer la religion, le clergé, dénoncer les conservateurs aux colères du peuple, défendre la Commune et réhabiliter Robespierre et Marat.

Ainsi les premiers gages que les radicaux devaient exiger et qu'ils ont exigés, en effet, de leurs alliés, sont la levée de l'état de siége, la nomination des maires par les conseils municipaux ou tout au moins l'obligation pour le gouvernement de ne choisir les maires que parmi les membres de ces assemblées [1], le changement des préfets et des sous-préfets, la liberté absolue de la presse.

Ils n'ont eu qu'à parler pour être obéis ; ils ne sont pas complétement satisfaits, paraît-il, des choix faits par le ministère dans les derniers mouvements administratifs, mais ils savent bien qu'ayant

[1] La nomination des maires par le gouvernement, avec obligation de les prendre au sein des conseils municipaux, est de toutes les solutions la plus mauvaise. En effet, la discipline des radicaux obligera dans presque toutes les communes le gouvernement à choisir le maire qui lui sera désigné par le conseil, aucun autre conseiller municipal ne consentant à accepter, et le seul avantage que présentera cette faculté laissée au pouvoir exécutif sera de le rendre responsable de nominations déplorables.

la majorité, ils doivent obtenir à bref délai pleine et entière satisfaction.

Ces premières conquêtes doublent leurs forces, elles encouragent leurs partisans et achèvent de démoraliser leurs adversaires. Elles leur permettent en outre, comme nous l'avons dit, de battre en brèche tous les grands principes, de déconsidérer toutes les autorités sociales et de donner à leurs comités une irrésistible puissance.

Ayant, en effet, pour eux la presse, les fonctionnaires, et tenant dans leurs mains les municipalités, il leur sera facile de présenter aux populations tous les conservateurs comme des factieux et des perturbateurs, et d'user de pression pour les mieux combattre.

Ils peuvent désormais continuer au grand jour cette propagande active, infatigable, à laquelle ils se livraient dans l'ombre. Partout où se trouve un cercle, une chambrée, ils vont s'y introduire, y gagner des prosélytes un à un, et quand ils auront la majorité, ils contraindront la minorité à marcher avec eux.

Le jour du vote, on ira en corps au scrutin, chacun surveillera son voisin, et celui qui voudrait garder son indépendance sera impitoyablement exclu ; c'est ce qui se passe à toutes les élections dans un grand nombre de communes du Midi.

Là où ce moyen d'action n'existe pas, ils iront de

porte en porte endoctriner le paysan ou l'ouvrier ; et lorsqu'ils l'auront séduit, ils lui feront connaître son chef de file, celui qui lui transmettra tous les mots d'ordre, qui lui remettra son bulletin de vote et l'accompagnera jusqu'à ce qu'il l'ait déposé dans l'urne ; en un mot, ils recruteront et disciplineront leur armée.

Tous ces comités communiquent entre eux et sont subordonnés les uns aux autres ; chaque grande ville reçoit le mot d'ordre de Paris et le transmet aux communes rurales [1]. C'est donc là une organisation formidable, un véritable État dans l'État.

Il n'est pas douteux que les radicaux vont en user pour obtenir des Assemblées actuelles tout ce qu'il sera possible d'en arracher. Des pétitionnements gigantesques, équivalant presque à des plébiscites, seront organisés. Mais si l'on trouve une résistance, si l'on craint une répression, tout rentrera dans la paix et le silence. On se contentera de traiter dans la presse et dans les réunions les Girondins et les modérés comme on a traité les conservateurs et les monarchistes, et l'on attendra que, le

[1] Comme pourtant il ne faut pas trop faire sentir le joug, tout se décide en apparence dans des congrès où les radicaux de chaque commune sont représentés. Mais les décisions des congrès sont prises d'avance, et il est facile de les faire ratifier en ne convoquant que des délégués dont on est parfaitement sûr.

terme fixé par la Constitution étant expiré, on puisse élire une Chambre qui soit l'esclave des comités, et porter fort légalement à la présidence de la République le citoyen Rochefort.

Telle est la tactique adoptée par les radicaux; voyons maintenant quels seront les obstacles qu'ils rencontreront sur leur chemin.

DES PARTIS CONSERVATEURS.

Voyons d'abord ce qu'ils ont à redouter de leurs adversaires. La question qui se pose à l'heure actuelle étant avant tout une question sociale, les adversaires des radicaux sont tous les hommes qui veulent défendre les grands principes qu'ils attaquent, quelles que puissent être du reste leurs opinions politiques. Or les conservateurs se divisent en républicains modérés, bonapartistes, légitimistes et orléanistes.

Le parti républicain modéré tout d'abord est plus souvent dans le camp des radicaux que dans celui des conservateurs; partout, en effet, où les révolutionnaires ne se sentent pas assez forts pour soutenir la lutte par eux-mêmes, ils le jettent en avant et l'emploient à détruire l'influence des autorités sociales.

Comme ses adeptes possèdent, qu'ils sont estimés, considérés, ils sont admirablement aptes à remplir cette tâche.

Les attaques les plus perfides et les plus envenimées contre la famille et la religion, couvertes par l'autorité de leur nom, atteignent bien plus sûrement leur but.

Les républicains modérés ne marchent avec les conservateurs que dans les circonscriptions où les révolutionnaires sont les maîtres absolus de la situation. Là l'illusion n'est plus possible; ils sont systématiquement tenus à l'écart, et il faut bien qu'ils reconnaissent que c'est une question de salut public qui s'agite. Ils votent donc avec les conservateurs, mais non sans un sentiment de regret, et ils n'apportent pas à la lutte cet entrain, cette énergie qui assurent le succès.

Les bonapartistes sont plus résolus, ils exercent sur les masses une action incontestable; les timides se rassurent à l'aspect de leur audace; on se dit que, s'ils l'emportaient, ils débarrasseraient à jamais le pays de la tyrannie radicale, que le lendemain serait assuré et qu'on ne serait plus forcé de défendre pied à pied, à chaque scrutin, sa fortune et ses enfants avec grande chance d'être battu. Mais, d'autre part, on cherche un principe politique et on ne le trouve pas, et ce qu'on ne voit que trop, ce sont les désastres de 1813, de 1815 et de 1870, trois invasions successives, l'amoindrissement du territoire et l'anéantissement de la grandeur de la France.

Les légitimistes ont pour eux un principe consacré par une tradition dix fois séculaire; ils sont pleins d'honneur et de vertus; mais, sans vouloir parler ici de la dîme, de la corvée et autres inepties débitées à leur encontre, on leur reproche de planer à des hauteurs incommensurables au-dessus de la faible humanité, et de se complaire dans ces régions nuageuses et éthérées au point de dédaigner, un peu trop peut-être, de s'abaisser aux vulgaires détails de la vie pratique et aux inévitables nécessités des luttes politiques.

Les orléanistes, depuis la fusion, sont devenus légitimistes ou républicains modérés; il n'y a donc pas à s'en occuper.

Chacun de ces groupes politiques renferme donc en lui ces causes de faiblesse qui paralysent ses efforts. Mais, en outre, leur multiplicité et la division qu'elle entraîne sont pour eux une nouvelle cause d'impuissance, et pour les radicaux une nouvelle chance de succès. Il arrive le plus souvent, en effet, que les questions politiques en viennent à primer la question sociale, que l'on ne peut réussir à se mettre d'accord sur le choix des candidats, et que l'on épuise en luttes intestines les forces que l'on devrait réserver pour combattre l'ennemi commun.

Du reste, le parti conservateur est vaincu, et la foule aime à acclamer les vainqueurs; tous les esprits timides et hésitants se tournent du côté du soleil levant, et chaque succès des radicaux leur attire de nouveaux adeptes.

Aussi n'ont-ils pas grand'chose à redouter de la part des conservateurs à qui tant de causes réunies présagent une défaite assurée.

GIRONDINS ET JACOBINS.

Mais les révolutionnaires rencontreront des obstacles vraiment sérieux et vraiment difficiles à surmonter dans leurs propres rangs.

En effet, nous avons vu qu'ils avaient dû formuler un programme vague et mal défini pour pouvoir, d'une part, contenter leurs adeptes, et, de l'autre, rassurer leurs alliés. C'est une manœuvre fort habile pour conquérir le pouvoir, mais elle devient dangereuse quand on y est arrivé.

Alors, en effet, il faut se prononcer et choisir entre les modérés et les exaltés, entre les Girondins et les Jacobins. C'est ce qui va se produire. Tant qu'on n'est pas absolument maître de la place, tant qu'il y a des préfets à destituer, que la loi municipale n'est pas revisée, l'alliance n'est pas compromise; mais, ces points une fois résolus, il faudra bien aborder les autres, il faudra se prononcer sur l'amnistie, sur la séparation de l'Église d'avec l'État, sur l'instruction gratuite, laïque et obligatoire, sur l'impôt sur le revenu. Les meneurs voudraient les ajourner à 1880, mais pourront-ils réprimer les impatiences de leurs soldats?

Le temps paraît court lorsqu'on siége à Versailles dans un fauteuil bien rembourré, mais quatre ans c'est un siècle pour les déportés et pour les ouvriers sans travail qui soupirent après la liquidation sociale.

On peut donc prévoir et espérer qu'une scission se produira et qu'au jour où il faudra jeter bas les masques et dire clairement et nettement ce que l'on veut et ce qu'on ne veut pas, lorsque les comités radicaux sommeront leurs mandataires de remplir leurs engagements, plus d'un de ceux qui les ont contractés reculera devant l'œuvre qu'il devait entreprendre.

On verra alors se renouveler cette vieille histoire de la lutte des Girondins et des Jacobins, et nous verrons encore une fois les révolutionnaires se déchirer entre eux au lendemain de la victoire, et probablement, cette fois encore, les Girondins, écrasés dans cette lutte, expieront cruellement leur complicité.

Dans la lutte qui s'engagera entre les modérés et les exaltés, les premiers seront en effet très-probablement vaincus, parce que les derniers ont entre les mains *la presse, les cadres*, les hommes prêts à tout; en un mot, tout ce qui constitue l'organisation d'un parti. Les modérés ne sont, comme on l'a dit fort spirituellement, que des chevaux de renfort, qu'on renverra à l'équarrisseur quand la côte sera montée.

Enfin, parmi les Jacobins eux-mêmes, il en est qui aspirent à jouer le rôle de Bonaparte, et qui ne seraient pas fâchés d'escamoter la révolution à leur profit.

Mais l'entreprise est plus facile à projeter qu'à exécuter.

Quoi qu'il en soit, c'est donc dans son propre sein que le radicalisme verra surgir des divisions qui pourront empêcher son triomphe. S'il ne sait pas attendre, si les quatre années qui nous séparent de 1880 lui paraissent trop longues à passer, s'il veut brusquer la solution, il viendra se briser contre la majorité des Chambres actuelles et contre l'épée du Maréchal.

Si, au contraire, il est docile à la voix de ses chefs, s'il se résigne à attendre, s'il se contente de préparer les élections législatives et sénatoriales de 1880, à cette échéance, il pourra installer la Commune légale et assassiner la France, sans violer un seul article de la constitution Wallon.

Telle est donc la situation que nous ont faite les désastres de 1870 et les hautes conceptions de nos philosophes législateurs.

Au point de vue humain, nous ne pouvons plus attendre notre salut et le salut de la patrie que des fautes de nos adversaires.

Heureusement, au-dessus de toutes les combinaisons bâtardes et de tous les desseins des méchants, il y a la Providence.

Dieu tient en sa main le cœur des hommes et la destinée des peuples. Il peut, s'il lui plaît, faire sortir l'ordre de ce chaos et rendre la force et la santé à la France qui se meurt. Espérons en lui, faisons face à l'orage, et, quel que soit le poste que nous occupons, combattons avec un cœur intrépide pour notre chère, notre douce, notre infortunée Patrie.

En vente à la même Librairie

PARIS. TYP. E. PLON ET Cie, RUE GARANCIÈRE, 8.

www.ingramcontent.com/pod-product-compliance
Lightning Source LLC
LaVergne TN
LVHW020410230826
846091LV00004B/1219

* 9 7 8 2 0 1 3 3 5 2 1 5 4 *